做自己

唯有做自己，生命才會有色彩。

Be Yourself

序

做自己到底重不重要？

如果你去問任何一個人這個問題，相信都會得到同樣的答案：「非常重要。」不過，你是否仔細想過，為什麼「做自己」很重要？如果這件事真的那麼重要，你又要怎樣去做自己呢？

說真的，大部分的人並不了解怎樣才是真正的「做自己」，也不知道自己真正的感覺是什麼；雖然表面上都認同這是很重要的事，但心裡並不見得覺得真有那麼重要。所以，你會看到很多人口是心非、言不由衷，處處想要奉承討好別人，不是很認真地表達自己心裡的想法，也會聽到很多的藉口跟理由。

比如說：「偶爾不做自己，也沒有關係啦！」

「一個成熟的人，怎麼可能完全不在乎別人的想法呢？」

「如果我可以變成某某人，應該會比較幸福吧！」

如果有這樣的想法，正表示你並不是很了解「做自己」的重要性。

那麼，做自己的重要性到底在哪裡呢？這麼來說吧——如果你不能做自己，這世界就沒有你存在的意義；換句話說，你也沒有自己的世界。

法國哲學家笛卡兒曾說過：「我思，故我在。」如果你沒有了自己，不管這個世界的景色有多麼美麗，對你來說都是不存在的。

做自己，是不受壓抑、以本性在生活，真正地擁有自己的人生。如果你存在的目地完全是為別人而活，你做的是別人所期待的自己，你呈現出來的樣子不是你喜歡的，你也不會覺得這樣是好的、是對的，甚至覺得自己活得很悲哀、很詭異，或是各種奇奇怪怪的狀況……那麼，真正的「你」就幾乎是等於空白了。

任何一個人都有屬於自己的一切。你有你的長相、有你的聲音、你自己的想法，有你的個性、感覺、形象、特質與型態。或許世界上有另一個人長得跟你非常相像，但畢竟還是不一樣的兩個人；就算是雙胞胎，也不會完全一樣。

全世界不會有完全一樣的兩個人。你獨一無二的地方，就是你最美麗、最偉大的地方。你就是你自己，所以沒有必要去模仿別人——你永遠都無法模仿到 100%，也沒有辦法真正成為另一個人。

或許，你可以模仿另一個人到很相像的程度，但同時你會失去原來的面貌，也失去了自己的獨特性，忘記原來的個性跟風格到底是怎樣。這樣學來學去、複製來複製去，不管最後變成怎樣，都不會是你原本存在的真正價值。

如果能夠做自己，你就是獨一無二、天下無雙的。你就是你，你一定跟別人不一樣，就像世界上不會有完全一樣的地點，不會有一樣的兩棵樹，也不會有完全一樣的兩朵花。這種獨特性，就是「自己」存在的價值。

心橋顧問公司總裁　陳海倫

Helen Chen

目錄

目錄

目錄

第一章

做自己的重要性

每個人來到這世界上，都有一個獨一無二、完全屬於自己的角色。你必須把上天賦予自己的這個「角色」演出來——先擁有自己的空間，才可以跟別人交流。

這就像撲克牌，不管你是紅心七、是黑桃九、梅花ACE、方塊King等等，任何一張牌都有它的意義。你要知道自己是哪張牌，不能模稜兩可，既可以是這張又可以是那張，又不是在變魔術，是吧？就算要變魔術，也是要有原本的牌來做比較才能變化，這就是做自己。

「自己」是一種生命定位

「做自己」這三個字，隱藏著無限的空間與可能。

你可以跳、可以跑，可以慢、可以快，你可以靜，也可以動；但前提是你要先做自己，之後才會有這些可能性。當你做自己之後，才有空間可以使力、借力，也才有機會成長、發展。不然，你就會像是個中性人一樣，不曉得到底要當男人還是女人，給人的感覺與定位模糊不清，這是讓你沒有辦法著力的一個原因。

好比一枚火箭要準備發射之前，發射角度一定要正確，要是角度不對的話，行進的軌道就不對了。打高爾夫球的時候，揮杆姿勢一定要正確，若使用的肌群不適當，就沒有辦法打得好。跳舞時也有重心，如果重心不對，你就沒有辦法前進或後退，也沒辦法順利地往側邊移動，更別說要跳出優美的姿勢了。

這就是做自己的重要性。當有了自己的「定位」，就像找到了適合自己的姿勢、找到了自己的重心之後，才有辦法順利地移動，真正地開啟潛能，所有的思想才會因為做了自己之後真正的發揮；否則，你的生活會一直處在懵懵懂懂的狀態，迷迷糊糊過了很久，卻一直不知道在幹些什麼，找不到人生的方向，也不曉得什麼事情是自己喜歡的。

我想，你應該會聽過身邊的朋友說：「我活著到底是為了什麼？」

「我到底在幹嘛？」

最主要原因，就是他沒有在做自己，找不到人生的目標，晃來晃去不太知道自己要幹嘛；有點像是被人催了眠或下了藥，神智不清、渾渾噩噩的那種感覺，就是因為他沒有找到自己生命的著力點，沒辦法施力。

生活裡面常會遇到許多困惑，讓你搞不清楚自己的方位在哪兒。所以，為什麼要有指南針？因為有了方向，就可以找到目標。

以攝影做比喻。找不到自己，就是拿到一台對不到焦距的相機，拍出來的影像是模糊的，甚至是一片空白，你根本不知道會拍到什麼。

再以開車為例，方向盤的定位一定要正，才可以順利地左、右轉彎，駕駛時才能抓到精確的方向感。

你要開槍，準星必須調整正確，如果準星不對的話，不管再怎麼瞄準都沒辦法射擊到目標。

一個不能歸零的計算機，不管你按的數字鍵對不對，它總是會跳出別的東西，再怎麼算都不會正確，這台計算機是沒辦法用的。

這些例子是要告訴你，不管做什麼事情，基本的定位、概念都要完全正確，這也是為什麼一定要做自己的理由。人生最重要的基本定位就是「自己」，一旦你不是真正的自己，你的人生就白活了，不管做什麼都是錯的。

找不到定位還會發生一種狀況——結果跟你預期的完全不一樣。

你的人生為什麼會跟原本預估的完全不一樣？除了誤判、估計錯誤之外，還有一個很重要的原因，就是你沒有做自己。

你的人生要有夢想、要開心、要幸福、要有自己的色彩、思想與哲學，就要由你自己做主人，你是自己人生的主宰，你是你自己的顧問。但是，若連你都不知道自己該怎麼辦，其他人就沒有辦法真正的幫助你。

如果一個畫家不知道要畫什麼，當然沒辦法下筆。一個建築師不曉得自己要蓋什麼樣的房子，要怎麼去說服客戶接受？你在演說之前，知道自己要講的內容是什麼嗎？為一首歌做詞之前，你知道那首歌的風格嗎？這就是關鍵。

所以，無論如何務必請一定要學會「做自己」。有這樣的認知之後，你才會曉得怎樣讓人生對焦。

好比在攝影之前，你先搞清楚自己該用哪一種類型的相機，你要了解你要拍的影像是什麼屬性，要用長鏡頭呢，還是要用微距鏡？或是需要大光圈的定焦鏡？你必須先把目標定位出來。

「做自己」，就等於先確認這些需要的器材是沒問題的，後面才有辦法去照相，去印出拍攝的照片，才能夠去討論技術性的問題。如果這個照相機本身是損壞的，鏡頭是不能對焦的，後面這些事情通通都不必談了。

人，也是一樣的道理。相機沒有問題就能拍照，人沒有問題就能夠做自己。能夠做自己之後，你的人生才可以出發，才能去談夢想與未來，談你要做什麼事業，談論所有關於學習與進步成長的事情。

一個人沒辦法做自己的人，不管讓他學習什麼，送去外國留學深造或是送去非洲當義工都沒有用，做什麼事情都會失敗。這並不是他父母親的問題，也不是老師不會教或是受其他人影響的問題，最大的關鍵就是他不了解「做自己」的重要性，也不曉得這個觀念是人生當中不得不學會的事情。

如果沒有學會「做自己」，這個人基本上是有問題的；至於是什麼問題，並不是這裡要討論的。我要強調的是，相機有問題不修理，後面照出來的照片都是不能用的。人如果不能做自己，後面所有的事情就不必討論了，你的人生夢想是免談的，你的一生都會浸在泥沼裡，而且永遠不會了解自己到底發生什麼事。

許多人的一生充滿了不快樂，不能成才、不能照自己的方向去走，生活過得亂七八糟，命運很坎坷，原因就是因為沒有做自己。我不斷地強調這些後果，就是為了讓你知道這件事情有多麼重要。

什麼才是真正的自己？

什麼才是真正的自己？這是非常難以定義的。

不管怎麼樣去形容，都會有人覺得：「啊？那到底是什麼？」因為這東西感覺似乎有點玄，可是也並非真的那麼難以理解。在這裡，我們還是盡量解釋清楚怎樣才算是做真正的自己。

光是前面三個字「真正的」就很難解釋，為什麼？因為人畢竟不是機器。如果是機器就可以精確定位，就像尺寸多少、轉速多快、馬力多大等等，這些東西都是可以衡量、可以量化的，每件東西該負責什麼事，都是在出廠時就被設定好的。如果一台單眼相機會變成手機，那就是奇蹟出現了。

但是，「人」是沒辦法用這樣的方式去量化的，為什麼？因為人會進步、會改變。人會隨著時間、隨著他的水準、教育、環境而變化，所以你很難去定義什麼定位才是一個人「真正的」自己。

不過呢，你也不要太擔心找不到定位。這世界上會變的只有一種，就是人，其他東西都不會變。為什麼有些人比較喜歡跟機器做朋友，覺得電腦比較好玩？壞了踢它一下也沒什麼關係；手機壞了拿去摔一摔，或是乾脆直接換一台。但是，「人」就是沒辦法，因為人會變。

「變」其實是好事，你不需要把它想成「人心難測」，覺得很灰暗、很可怕，其實不是這樣，跟人相處最有趣的地方就是在這裡。

所謂的「變」，應該要用「進步成長」來解釋，就會比較舒坦一些。人的水準是可以一直提升的，心意是可以不斷改變的，隨著思想的變化，人可以有不同的呈現面貌，真的是美不勝收。

所謂「真正的自己」，就是在當下的那個時刻，你可以做出最好的決定。如果你有不同的水準，這個決定可以愈來愈美麗、愈來愈生存，因為人會進步，而且永遠都有無限的成長空間。

這也就是為什麼有些人常說：「一日不見，如隔三秋」，這個「如隔三秋」要表示的重點，是在於對方的變化把你給嚇到了。

「咦？你怎麼跟往昔不一樣啊？」

這個讓人吃驚的變化非常有趣。當一個人在做真正的自己時，是會一直改變的，這也是生命過程的感動。

舉例來說，有一個女孩不顧家人親友的反對，義無反顧地嫁給了她心愛的男人。在結婚之後卻又不斷抱怨，「當時怎麼會決定嫁給他呢？我一定是買錯眼藥水，讓自己瞎了眼！」

當初這女孩決定做真正的自己，所以嫁給了她的情郎。在這之後，女孩又一次發現真正的自己，卻準備跟對方離婚了；二十年之後當你發現你要做真正的自己的時候，就不愛他了——哇，聽起來真的很可怕吧！

做真正的自己，常常是一件讓人驚訝到下巴都掉下來的事情，因為人的想法會改變。這個時候想這樣，後來不想這樣做了，就不一樣了嘛！

最明顯的例子就是小孩子。小孩子現在做真正的自己，一直吵著要買這個玩具。過了一陣子之後，買的玩具他又不喜歡玩了，對不對？他表現出來的仍是真正的自己，可是這個真正的自己是會改變的，這就讓人非常非常頭痛。

所以，為什麼人有時候很怕做真正的自己？因為做真正的自己似乎會傷害到別人。就以前面提到女孩的例子來看，女孩在婚後的真心話是：「當初我決定跟你在一起的時候，是我自己不經世故，只能怪我自己笨嘛！我很後悔當初這麼愚蠢才嫁給你，現在我變聰明了，所以我得要離開你。」

這聽起來相當可怕，不過也是血淋淋地真實，對不對？

「做真正的自己」為什麼沒辦法定義？因為人會一直改變！先不提到別人很害怕你真正的想法是什麼，就連你都很害怕表達出自己真正的想法！

當你看到一棟心中夢寐以求的房子，很心動，卻又擔心著：「唉呦，我到底要不要買這棟房子啊？買了以後會不會後悔啊？可是我現在好想好想好想要啊！若現在不買，被別人買走怎麼辦？以後找不到這麼好的房子，該怎麼辦？……」

生活中有很多類似的狀況。好比你已經承諾了別人卻又想反悔，不能守住這個承諾讓你很丟臉，或是有很多這種進退兩難、左右為難的事情，讓你沒辦法大膽地說出：「沒錯，這是我要的決定。」你講都不敢講，甚至連想都不敢想。

這也就是所謂「真正的」這三個字，常把人搞得壓力非常大，有時要做真正的自己，簡直是比登天還難的考驗。我們沒有辦法在這種變化多端的情況之下，去定義什麼才是「真正的自己」；我只能跟你說：「真正的自己」就是當下你真的想要的東西、想要做的事情、你的決定與想法。

當然，若是給了這樣的解釋，有的人就會說：「當下我就是真的想要離婚啊！」「沒錯，我現在就是想要混吃等死，就是想擺爛啊！」「我當下就想給他一巴掌啊！」

那就是所謂的「當下」。當下決定做自己，真的沒問題嗎？你做自己，結果被媽媽罵個狗血噴頭；你做自己，結果事業就倒閉了；你做自己，最後的結果就被人認為很沒出息；這樣的例子屢見不鮮，很壯烈也很悲慘。

既然如此，到底做「真正的自己」有什麼好？要定義做自己，你必須真正去生活裡體會，要不斷地去推敲，等到進步成長之後才會了解自己要的是什麼。

你不該只是聽到老師說：「這一筆這樣畫下去就對了。」那麼，你就一直畫那一筆，畫了很久之後，還是不了解那一筆究竟有什麼效果。老師叫你一直練習畫直線，但你以後畫圖的時候，總不可能只在紙上畫直線，對不對？

老師要你練習畫直線，並不表示那是你心裡真正想畫的東西。不過，那些動作是讓你可以畫出像樣的作品之前，必須要經歷的一段過程。但也有些自作聰明的人，學會了畫直線就以為自己可以當畫家了，以為當下的自己是天下無敵了。

懂得變通，才能生存

有一個笑話是這樣的：有個家教老師來教有錢人的少爺學寫字。在第一天上課時，老師只教了「一」怎麼寫，很簡單，只是從左到右的一筆劃而已，少爺就很高興地寫下了「一」。第二天，老師看這少爺學會了怎麼寫一，於是就教他學習寫「二」。還是很簡單，多畫一筆就行了，根本難不倒他。

老師第三天又來了，教他學習寫「三」。那少爺看到一、二、三都很簡單，覺得自己都學會了，就跟爸爸說不需要找老師了。

「寫字太簡單了，我已經學會了，反正就一直給它加下去嘛！」少爺這麼說著。

他爸爸很高興說：「我兒如此聰穎過人，學三天就會了！現在有個喜帖要你幫忙寫。」沒想到，兒子寫了一個禮拜還沒寫好。爸爸問說：「搞什麼鬼，只不過寫個喜帖，怎麼這麼久寫不出來？」

兒子一邊寫，一邊擦著汗說：「哎呀，他什麼不好姓，為什麼偏偏要姓『萬』呢？」

這是一個笑話。這個笑話是要告訴大家，我們常以為事情就是這麼簡單，就像學寫字一樣，一直加下去就好；其實人生並不是這樣，不是直直走都不會遇到轉彎，對吧？遇到山不轉的時候，該怎麼辦？就只好路轉了。

所以，人還是要有變化的，要懂得變通才能生存。你要去了解如何變通的這件事情也是一個過程，當你不斷求進步之後，總有一天會終於了解到：「喔，原來是這樣子。」

那麼，當你在做自己的某些時刻，也會存在著很多的誤解。

譬如說，我今天揍你是因為我想做自己。明天我又想：「打人實在不好，以後不要打你了。」下次你惹我生氣，我又想揍你了，我覺得揍你才是做自己……到底怎麼樣才叫做真正的自己？要解釋這個問題，連自己都會覺得很好笑。

我的工作是顧問，常會有人問一些很奇怪的問題。有些人會說：「我就是做自己，所以我最喜歡做的事就是擺爛。」

當然，我也不能說這樣就不是做自己。如果一個人決定要擺爛，的確，這也是他自己決定的。那麼，到底這樣決定是對或不對？好或是不好？要用這種墮落的態度過生活，是不是我們所提到的「真正的自己」？回過頭來，我們還是得要看看「真正的自己」應該是什麼樣的狀態。

簡單地解釋，「真正的自己」應該是在你非常理智的情況之下表現出來的你，做出的決定才是真正的你，而且不是在心情低落、情緒化或是受到他人影響，意氣用事的時候呈現出來的樣子。

你一定聽過人說過：「氣話都不是真的。」罵人的時候往往口不擇言，那些氣話通常是沒經過大腦的，沒有存在的意義。如果你的心情糟透了，老是往負面的方向思考，你所下的決定通常是不正確的。當你在擔心害怕，或是你想要投機取巧、想要去陷害別人……種種負面的想法，這些都不能算是「真正的自己」。

如果你很理智、心平氣和，你可以問自己：什麼是你想要的？這件事是不是你想要做的？當你確定自己喜歡某件事，也非常有決心，然後已經做好了萬全的準備，你所做的決定就是「真正的自己」。

在問自己這些問題的過程中，你必須要很誠實，這就是「做自己」的關鍵。

不過呢，有許多人後來還是會說：「可是，後來我的想法改變啦！時空背景也不同啊！」

沒錯，人會一直改變。伴隨著你的教育水準、人生歷練還有進步成長，你在各方面的學習到了什麼樣的水準，都會讓真正的自己一步步不斷提昇。所以，如果你有在修行、有在進步、有在成長，真正的自己是會一直改變的！在這段進步的過程中，你會覺得你一直在做真正的自己，而且你會覺得真正的自己是愈來愈好的。

所謂的做「真正的自己」，並不是說真正的你就只能有一種，然後就不能改變了；身為一個人最偉大的地方，就在於人是可以不斷提昇，可以不斷地進步。你不是照相機，不是電腦，不是說今天你是一台汽車就永遠不可能變成飛機，永遠只能按照出廠型號的使用說明書去操作。你是一個人，所以能夠不斷提昇自己的品味、眼界與價值，你可以讓這個自己不斷地改變；這就是物質和精神的最大差別。

精神領域是多麼地神奇！它不必重新設計，不必進廠維修，就是可以不斷地提昇。但是，你一定要堅持做自己，一直提昇、一直改變，而且你要很喜歡這樣的自己，也永遠不後悔昨天的自己是什麼樣子。因為在那個時刻，當下的你是做真正的自己，你就不會後悔，也不會不高興，你不會覺得自己很三八或是很不自在。

只要你有在做真正的自己，就算過了幾年之後回過頭來看，當時的你很幼稚，或者當時的決定是錯的，但你還是會很慶幸，因為這就是人生要走的路。或許從前的你很喜歡到處打架，但現在你終於了解暴力不能解決問題，你已經不再隨便出手了，這種心境上的層次是可以提昇的。

有些人一直認為投機取巧才能成功，要走捷徑才能贏過其他人，其實那種想法並不是真的「做自己」。要真正的做自己，必須先搞清楚一個前提：負面的東西都不是真的，正面的想法才是真正的你。

負面的你，就是在進步成長過程中要修正的。那些偏差錯亂的、不正常的你，或者是情緒化的、錯誤教育所造成的你，是可以改變的。但是，在你性格當中正面的特色，

Be Yourself 做自己

你真心誠意的決定，真正想去要做件事的企圖心，這就是真正的你，也才是我們講到的「真正的自己」。

第二章

為何
做不了自己？

談到做不了自己的理由，實在是不勝枚舉，而且每一個人的理由都不同，每一個人都有做不了自己的原因。我在這裡給各位一些例子，讓你了解一般的情況之下，為什麼會沒辦法做自己，這也是人生為什麼要進步成長、為什麼要學習的理由。

我們所講到的每一樣東西，都關係到進步成長，關係到能力的提昇、精神層次的昇華，還有該怎樣去練習，怎樣可以讓自己變得更好，而且可以更誠實地表達自己的意見，或者是擁有更好的智慧與邏輯概念，這才是人生最有趣的地方——不斷地進步成長！

當你的邏輯不對、不能誠實表達自己的想法，心裡頭有很多歪曲的念頭、理不清的困惑，是非對錯永遠搞不明確，在這樣的情況之下，當然做不了自己！

「做自己」不是天生就會的！

進步成長，就是在探討這些東西。小孩子為什麼不會算數？為什麼不能夠自己上廁所？因為他還沒學會。「做自己」這件事也是要學的，不是天生就會的！孩子為什麼要去接受教育？教育的一切，都是為了讓他學會怎麼樣去認識自己，怎樣去學會關於品格、道德、管理、情緒、禮貌、溝通等等的事情，這些全都是學來的；當你沒有這些東西的時候，你就做不了自己。

一個家教很不好的人，不管是講話、穿著、待人處世各方面的表現，都沒有辦法合乎在這社會中生存的基本要求。我們用一個比較極端的比喻：假設在一個家裡，父母從小就教育你要投機、要勢利才能生存，他們告訴你說：「你絕對不能被別人占便宜！你在做事之前要先計算，一定要有好處的事情才能去做！」

他就是教你要怎樣跟別人計較，教你怎樣才不會吃虧。暫且不論他是否基於善意，反正他就是這樣子教小孩，所給予的觀念是錯誤的。

那麼，我們又怎麼知道他是錯的呢？

因為到了最後，你會發現那並不是你要的，對你的生存毫無幫助，甚至只會帶來阻力。從另外一個角度來說，就是當你被教了一些你不需要的東西，可是你還是去做了，你就不是在做自己。

假設你爸媽沒有教你做人要誠實，沒有教你對人要有禮貌，沒有教你要好好穿衣服之類的。但是，他們沒教並不代表你就可以不誠實、沒有禮貌、邋邋遢遢。你的學習應該是全面性的，一生中可以教導你的人，也不會只有父母親而已。

不過，這個標準也是每個人都不一樣的。如果你本來就很喜歡偷東西，你出生在一個一直教你怎麼樣當小偷、搶銀行的家庭，你可能會覺得偷東西就是在做自己想做的事。如果是這樣的話，情況又不一樣了，對不對？因為你的目標就是要當神偷，你想要的做自己，就是要偷到神不知、鬼不覺。

這也沒有違反我要講的，因為我沒有告訴你要怎麼樣，我沒有告訴你一定要當個正人君子，對不對？你想當什麼樣的人、有什麼志向，這是因人而異的，我不能說你的志向是錯的。

如果你告訴我說：「當個小人，就是我真正想要的自己！」做惡的手段愈卑鄙愈好，那我也沒有什麼意見。這個社會本來就是有正派也有反派，有小偷也有警察嘛。我沒有說你一定要怎樣才是對的，因為這並不是我的工作。我不是要告訴你，要怎麼樣做才是正派、怎麼樣做就會變成是邪派，然後你一定不能夠走那些旁門左道……這些都不是我們要討論的重點。

我要告訴你的是：當你做了真正的自己之後，你會覺得開心、快樂、滿足，才會發現你走在你想要的人生軌道上，那些真正屬於你的「自己」才會合而為一，而不是好像變成多重性格，個性反覆無常，常常莫名其妙覺得後悔、傷心難過，對自己很不滿意，覺得人生總是很不如意，老是懷才不遇或頹廢喪志。

這本書要講的，並不是你應該要怎樣做才是你自己；我要強調的是，當你對自己不滿意的時候，就是因為你沒有做自己，才會有這些不如意的情況。

那麼，為什麼你會做不了自己？這就要提到教育方面的問題。

教育，從小在家庭裡就已經開始。爸媽怎麼教你是一回事，但你個人的不誠實、想要投機取巧、算計別人又是另一回事；你想要贏，卻沒有用正規的管道去贏，你是用設計的，或者是玩陰的、走後門，反正就是採用不正當的手段。最後眾叛親離了，你感到後悔莫及了，才發現這樣的自己不是你要的，這才是真正的重點。

或許你做了壞事，沒有人抓到把柄，但是你會感到良心不安。所以，最後的懲罰並不是把罪犯抓去牢裡關，或是採用一般法律的標準，那些判決有時候還是不準的，對這些人根本沒什麼用。

每個人心中都有一把品格的尺。「人在做，天在看」，你也不需要把一個人抓進牢裡或是叫法官來判刑，到最後你根本逃不到哪裡去。不管跑到天涯海角，如果你沒有做自己，最後難受的感覺還是會回到你這裡；根本不需要蹲苦牢，因為你逃不出自己心裡的那座牢籠！

每個人都有良知，知道自己這麼做到底快不快樂，或是這麼做心裡會不會難過。反正到了最後，就算人不自懲，也會遇到天懲。

你沒辦法做自己，是因為有很多的不誠實，你沒有受到正確的教育，心裡不願意去面對，而且又有很多的包袱，比方說如果不這樣做，會對某人不好意思；或是你想同情誰、想討好誰；或是如果不這樣做就會被阿嬤罵、如果沒這樣做媽媽就會哭……。

這些種種的理由，表面上聽起來都冠冕堂皇；對你來說，它是一個可以解釋的邏輯或理由。不能做自己有很多理由，可是，講了那麼多理由都是沒有用的！那些理由到了最後，只能用兩個字來總結：藉口。

當然，你還是可以堅持這些理由都是合理的。就算你所說的都合理，也沒有什麼用啊！人生並不是用來辯論說這些理由合不合理，對不對？你是要去辯論呢，還是要去當律師？即使這些理由都說得過去，你自己的心裡過得去嗎？你覺得舒服嗎？你快樂嗎？你覺得這樣做是正確的嗎？

我只需要你很誠實、很認真地回答這些你自己才能回答的問題。你必須捫心自問，而不是用那些理由來搪塞。有些人就算贏了全世界還是不快樂，因為贏了也沒有做自己。如果你覺得不快樂、不自由，這個理由依然還是藉口，所以我們不需要這些理由。

假設現在你心裡有一個想法：「其實，我有想過搬出去住。我沒有搬出去的原因，是因為我媽媽會生氣。」

好，先不管你媽媽會不會生氣的這件事情，也先不管你的理由是什麼。我只問一件事：「你真的想做的是什麼？」

假設你的回答是：「我心裡真的想做的，就是要搬出去自己住。」如果你要做真正的自己，就應該搬出去住，對吧？

那麼，你不做這個決定的理由是：「我這麼做會得罪我媽。」那是另外的事情，那就是需要另外再處理的。你只需要知道，這些理由會讓你做不了真正的自己，也就是這個章節要講的重點：為什麼做不了自己——因為你有這些五花八門的理由，而且還覺得這些理由很充分，為自己找一個合理的台階，不能做自己似乎也是理所當然的事。

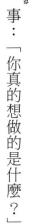

如果我不做自己，那又如何？

有些人會有這樣的問題：「我不做自己，又會怎樣？」

當然不會怎樣，至少不會死。可是，你的世界會迷失，你會莫名奇妙，你會不知道自己在幹嘛，好像就漫無目的地隨波逐流。你在這裡也不合，換到那裡也不合，這邊停留一下，那邊也停留一下，不曉得自己要這樣停停走走到什麼時候，反正此處不留人，自有留人處……。

這裡稍微解釋一下，「不做自己」跟「放空」有什麼差別。有人認為「放空」也是一種生活態度，但是，前面所提到「不做自己」的這些形態，並不是放空。

如果你真的想要把自己放空，它是一種選擇，還是你自己。是你選擇要去流浪，你心甘情願去當流浪漢，像個吉普賽人到處漂泊。如果仔細去探究，其實這種人並不是沒有思想的。他並不是真的可憐到無家可歸，而是自願選擇要過流浪、乞討的生活。這些流浪漢裡面也有很多是菁英份子，也有很多是很有思想、很有教育水準的，只是他選擇去做流浪漢，這種情況並不叫「不做自己」。

這些人常會說：「我的日子就是要這樣過，那又如何?」

沒什麼問題啊！你就去過乞丐的生活，去睡在馬路邊，去當流浪漢嘛。這是你的樂趣，你不為任何的目地活著，嚴格來說，你也還是在做自己想做的事。

但所謂的「不做自己」，其實並不是這樣的意思。

有一種人不曉得什麼叫「做自己」。他莫名其妙地活著，人云亦云、隨波逐流，是完全失去自我的狀態。他沒有自信，也沒有自己的思想；對於未來，他不知道要幹什麼。這種人不是不願意做自己，而是不知道該怎麼做自己，也找不到真正的自己；他不知道發生什麼事情，就已經失去了自己。

還有一種人，就是他失去了自己真正的身份，有點像是得了失憶症；就好比家裡被別人佔據了，自己反而無家可歸，流離失所。

當你問他：「你叫什麼名字？」

「不知道。」

「你今年幾歲？」

「我不知道。」

「那你發生什麼事？」

「我也不知道。」

「你從哪裡來？要去哪裡？」

「我都不知道。」

這種人，是真正的沒辦法做自己。並不是他不想做自己，而是他失去了自我。譬如不曉得自己為什麼當妓女每天在那邊接客，或者是被毒品控制的這些人，才是喪失了自我。因為他意識不清、神智不清，嚴重一點的就像躺在床上的植物人。這種人是沒有意識的，才叫做「不做自己」。

如果以這種定義來說，那我現在問你：「不做自己，那又如何？」當然是很慘啊！簡直是任人宰割。你可以看看那些吃精神科藥的人、去算命被騙的人、在酒店被人下藥的，然後就被人侵犯、偷拍等等，當事者都不知道自己發生什麼事。

這裡講的是比較極端的情況。假設你被麻痺之後，你曉得人家會對你做什麼事嗎？你在被灌迷藥之後，你有辦法做你自己嗎？這些狀況都會讓你失去自己。並不是你不想做自己，而是因為你是被侵犯的，你是被偷襲的；你怎麼失身、怎麼被摸、怎麼被人賣掉都不知道，你被人家騙了也不曉得。

有些時候，小孩子常常會被大人騙，或是被壞人騙了。並不是他願意上當，而是比較無知罷了。然而上當受騙並不只是發生在小孩身上，就算大人也常常會被騙，那到底發生什麼事情？因為他被矇得團團轉，跟人上床、被騙了錢、賠了夫人又折兵，都不知道是怎麼一回事。為什麼？就是因為他沒有在做自己。

我們為什麼要提到進步成長？理由很簡單。你自己想想看，你願不願意變成這副德性？願不願意被騙？願不願意失身，然後還不知道自己失了身？你願不願意把錢送給人家用，或是做別人的奴隸，還不知道自己被奴役？這些問題你要問自己。

如果你明白了什麼是「做自己」，就不會問：「那如果我不做自己，那又如何啊？」這問題很白目吧！你希望自己被騙、被虐待、被奴役？或者是被打針、被催眠、被下藥？不做自己，就等於完全處在無意識的狀況下。

為什麼不能吃毒品？為什麼不能吃精神科的藥？因為這些東西會讓你喪失意識、變得不清醒，你的意志會比較薄弱，別人就比較容易控制你，也比較有機會去侵犯你，任人擺佈。當你的人生不管發生了什麼事，命運全都操縱在別人的手裡，這就叫「不做自己」。

把話說得嚴重一點，就是做人怎麼會做到豬狗不如呢？連狗都還有自己的意識，至少牠知道要跟隨哪一個主人。你如果什麼都不知道，人家叫你接客就接客，叫你吸毒就吸毒，人家叫你跪就跪、叫你走就走，你好像是個用完就丟的衛生紙一樣，那「你」到底是什麼呢？

只要你不是被逼的，只要你是自己決定要做的，不管你要當流浪漢或是乞丐，這些都不能算是「不做自己」。我們不去討論你所決定的好壞，也不去講對錯，我只是告訴你，「做自己」只會問你一件事：「你是不是喜歡這樣的決定？」

不管你的決定是什麼，重點是你必須要開心，你要很喜歡，你要為這個決定感到高興，也願意接受這個決定所帶來的任何結果，這才是做自己。

決定去流浪，又有什麼關係呢？有很多故意去當流浪漢的人是很快樂的。他覺得：「這樣比上班好啊！反正不也一樣有吃有住，不也一樣睡覺嘛？」

「我也沒有精神失常，也沒有少一塊肉，而且挺自由的。」

這種人還是做自己。因為你跟他講話就可以知道，他並不是瘋子，他不管是講話或做事情都還是很正常的。

當然，也有那種因為破產、吸毒或精神失常而流落街頭的人，這種例子就不能算是做自己，因為他講話時並不對焦。他可能會胡言亂語，或是非常地失落、悲傷，精神狀態不穩定，這又是另一種不能做自己的情況了。

所以，不能夠因為一個人是乞丐、妓女、黑道、同性戀或是一些比較不被世俗認同的事，就認定他不是在做自己。如果這是他的選擇，他覺得做這一行很好賺，或是他喜歡做這件事，他覺得這樣很有趣，或是因為要養家活口，最後他決定選擇這個工作……這些選擇都有他自己的道理，因人而異。如果是被逼、被強迫才去做這些事，那才是沒有在做自己。

除了自願跟非自願之外，還有什麼方式可以知道是不是在做自己呢？其實很簡單，就是快樂跟不快樂的差別！

有一種人，就算當妓女也當得很爽快，甚至還把事業經營到很有規模。她很成功、很開心，日子好得很，那她就是在做自己。至於幹這行會遭遇什麼樣的後果，都是她願意去面對、去負責的。很多妓女也是好人，她們也一樣對這社會有所貢獻，一樣去捐款，心地也很善良；只是她從事一個世俗比較不能接受的工作而已，這就是她自己的選擇。

當妓女到底好不好，不是我們要討論的範圍，我要強調的是每個人都有不同的選擇。如果你說：「我不喜歡這樣，可是我沒辦法！」這個時候，就是牽涉到進步成長的問題。

你會選擇不做自己，到底原因是什麼？你是哪一種的沒辦法做自己？如果你當初做出了選擇，最後結果卻非你所願，那終歸還是你自己——除非你是失智的，或這個決定不是自己的意願。

當你做自己的時候，不管當初的決定是什麼，都是你要的選擇，無論最後的結果如何，你都會坦然接受，也才有快樂的機會。反之，如果不做自己，你的人生只能不斷地被外界主導，你的人生不是你要的，甚至是悲慘的，最後只能肝腸寸斷、悔不當初。這就是「做自己」跟「不做自己」最大的差別。

為別人而活，不行嗎？

即使前面講了這麼多，但有人還是會問：「為別人活不行嗎？非得堅持做自己不可嗎？」

如果你決定要為別人而活的話，當然可以呀！那還是一種做自己的決定嘛！就像有一些當老婆的人，她決定要一輩子相夫教子，雖然時代已經不一樣了，她還是決定遵從三從四德，謹守這些傳統約束，在別人眼裡，她的人生似乎就是為別人而活，但她仍無怨無悔，而且甘之如飴。

有許多媽媽，一輩子的願望就只是照顧好自己的小孩。她盡全力把孩子養大，那也是她唯一的夢想，她的日子是為別人而活，不行嗎？當然可以啊！而且好得很呢！你看，孩子多麼尊敬她，她多麼快樂，因為她的志向就是這樣。那她到底是不是為別人而活？只是看你怎麼解釋嘛！

「為別人活」這件事，如果是你心裡真正的選擇，其實應該很快樂才對。表面上來說，你是為別人活，你可以很快樂，但你也得要注意：你有沒有讓別人不快樂？可能你選擇為別人活，別人卻很不喜歡你這樣，是不是？

有些媽媽會跟孩子說：「我就是為你而活著！」孩子聽了壓力多大？如果媽媽常拿這個理由出來用，孩子當然不會高興，是不是？可是，媽媽還是可以這樣選擇。

所以，你希望為別人而活，可不可以？當然可以！只是到了最後，還是要看你自己快不快樂；你選擇為別人而活，那個人高不高興？你說你為孩子而活，孩子希望這樣嘛？這些都是彼此之間還得討論的空間。

並不是你選擇為別人而活，人家就一定很高興；你是不是為別人活就一定很快樂？那也不見得啊！搞不好對方很討厭你這樣做，到頭來你也覺得自己很倒楣，付出這麼多卻得不到認同。

有很多時候，我們會看到很多媽媽抱怨說：「我辛苦了一輩子，孩子都不感激我！」因為她活著的目的就是為了孩子，偏偏孩子就是很不喜歡媽媽為他們而活著。那麼，為什麼媽媽會不快樂呢？答案很簡單，正是因為媽媽沒有做自己。

你可以選擇為別人而活。但這樣的決定，還有一個關鍵的前提——對方也得要同意讓你為他而活。

其實，你這個選擇也是在做自己，是吧？可是，你這個做自己的決定並不受歡迎；那這個選擇就有得考慮了。別人不快樂、你也不快樂，這樣的決定到底好不好？你願不願意繼續再這樣子下去？

你若真的決定要這麼幹，就必須做好心理準備去承受一切的後果，且不去計較會付出多少代價；不管發生什麼事，你都必須吞得下，不能為不如預期的結果而去責怪別人，不能把這些不滿發洩在別人的身上。

你可以堅持喜歡做這樣的自己。可是，若沒有辦法得到預期的結果，這當中的衝突，就必須要靠進步成長來改變。不是去改變別人讓對方回心轉意；不是改變你的另一半，不是改變你的子女，不是改變其他人，而是改變你自己——你為什麼會選擇這樣做？你這樣的決定，不僅讓你自己不快樂，別人也很不快樂，而且你還一直在抱怨，這是何苦來哉？

所以，重點並不是不能選擇為別人而活；當你真的要選擇為別人活，就得要了解與他人互動的藝術。

為別人活的真諦是什麼？就是你必須做到百分之百順著對方的意思，讓別人快樂，看到對方很快樂之後，你自己也必須感到非常快樂，這才叫做為別人而活。並不是你自己一廂情願地去做你喜歡的事，卻硬說自己是為別人活，偏偏別人很討厭你，然後你感到很不快樂，卻一直堅持要為別人活，非常的矛盾且愚蠢。難道你做自己的目的，就是要讓對方不開心嗎？這種堅持做自己的方式，問題可就大了。

後面還有一個問題是：「非得堅持做自己不可嗎？」

重點並不是一定要堅持做自己，而是你堅持做自己之後，你快樂嗎？別人快不快樂？

如果你一直說：「我就是要一直黏你，我就是要每天陪你逛街，我就是堅持要這樣。我不可以一直堅持這樣子嗎？」這樣的決定當然很奇怪啊！因為就算你開心，別人也不見得開心；你不快樂，別人當然也不會快樂呀！你把自己的快樂建築在別人的痛苦上，對方遲早會跑掉，你也做不了多久的自己。

這句話裡頭的「堅持做自己」，還有另一種意思，就是說：「我的觀念這麼好，我的理論這麼出色，那當然就得聽我的！」

「我一定要堅持我的立場，我就是要用這樣的方式去做。我為什麼不可以一直堅持自己這樣子？」

當然可以！既然義無反顧，你就儘管放手去做。但是，你一定要清楚了解一件事：當你決定要這樣做的時候，不管發生什麼結果，你都不能怪別人——你不能對別人懷有恨意，更不能夠去跟人家理論。你不能碎碎唸，不能抱怨，不能怨天尤人，不能憤世嫉俗，不能覺得很不快樂。如果你最後不成功，這個結果你得要能夠欣然接受。

所以，你可以堅持做自己想做的事，想要幹嘛都沒問題。只是最後蓋棺論定的衡量標準還是回歸到你身上：這樣的做自己，你快樂嗎？你是不是覺得你成功了？還是說，「我就是要這樣做，就算身敗名裂也無所謂！」

「我知道會很悽慘，就算家破人亡我也不在乎……」

好，既然這是你的選擇，那你應該要問問自己：這樣要幹嘛？非得這樣堅持不可嗎？就算你想一頭撞死，到底目的是為了什麼？死或活，也不過是一個選擇，完全看你個人的意願。那你這樣堅持下去的結果，是會成功呢？還是要成仁？答案就非常清楚了。

這個世界上有堅持做自己的好人，也有堅持做自己的壞人。壞人的決定就是想要沉淪，他的決定是不生存的，認為選擇毀滅就是「做自己」。但正常的「做自己」是為了能夠更生存，而不是為了自尋死路！

當你做自己的決定牽涉到別人，你不僅要為這個決定扛起全部的責任之外，還不能拖累到別人。他快樂，你才會快樂；他不開心，這筆帳最後還是會算到你頭上，這就是天理了。

第三章

我在演誰？

在日常生活裡，常常會在不經意之中被別人的影子「附身」。

比方說，你見到老婆罵你，但她是用她媽媽的方式在罵你，你一見到就會想：「唉呀！岳母來啦！」是不是很有趣？這就是人生哪。

如果你能將這件事看到很透徹，就會知道：「喔，他又再演了。」很好笑。但是現實生活在演的時候，哪裡會好笑？恨不得叫警察直接把他抓去關起來，對不對？然後，你就這樣一直被騙、一直犯錯、一直得罪人，又一直有誤會、一直很固執、一直不溝通……這樣子下去，五十年之後你會變怎樣？

所以，你可以發現有些人明明很年輕，臉上的表情卻很難看。你可以老，可是還是可以老得很可愛，相對地，你也可以老得很難看，對不對？

為什麼我常提醒大家進步成長一定要快？因為等你老了，不一定有足夠的體力跟精神去承受進步帶來的壓力。當你還沒有生小孩之前，一定要趕快打拚，等到你要生，抗壓力卻還不到足以承受的水準，你的情緒爆發了，小孩子就會全盤接收起來。你容易生氣，小孩也會容易暴跳如雷；你常疑神疑鬼，小孩也跟著神經兮兮；你常覺得煩，小孩子也會開始覺得很煩。孩子在媽媽肚子裡面就開始演，還沒出世就開始覺得很生氣、很緊張、很煩躁。

所以，你要能夠抗壓，你自己要能夠開心、很快樂，而且你要做自己要做的事情，要能夠跟人家講話，而且不被其他人影響。當你能夠有這樣的水準，才能夠保護你的孩子不被你影響；只要你很快樂，小孩子就不會擔心。但是你開始覺得很難受的時候，他就開始覺得很難受。不要以為孩子出生之後才會模仿父母，在肚子裡面就開始演了。

所以，我們一定要進步快一點，一起加油吧！

這個「你」，是真正的你嗎？

現在，請你在下方列舉出自己最討厭的三件事情。

1.

2.

3.

為了讓你對這三件事情更有感覺，請你找出自己什麼時候曾經做過這三種討厭的事情。

比方說，你很討厭別人遲到，你就要找出自己什麼時候遲到；如果你最討厭人家偷雞摸狗，那你就要找出自己什麼時後幹了什麼偷雞摸狗的事。你不能只是一個概括性的描述，那件事必須要真正的發生過，要有時間跟地點跟發生了麼事。

1.

2.

3.

如果你一直找，把這些事情挖到底，你就會發現自己不再討厭這件事情了。原本是你最痛恨的事情，你把自己曾經這樣做的事件挖出來之後，看到別人幹了同樣的事，你不但不會生氣，甚至還會哈哈大笑。

延續前面那三件事。現在再請你把從小到大，你看到身邊的「誰」曾經做過這樣的事情，把那個人給找出來。

1.

2.

3.

當你探討得夠多、夠深入之後，就會知道發生了什麼事。你最討厭的那個自己，大多數都是從身邊最親近的人那邊學來的。就算學校不管怎麼教，都沒有教得這麼根深蒂固，因為你從小就這樣學。

這些你最討厭、最恨的事情，當你學到爐火純青、入臻化境的時候，你根本不記得自己幹了些什麼；叫你去回想，你只會想到朋友啊、同事啊，或是某某同學之類的人，把一大堆人都挖出來了。

可是，只要你挖得夠深，回溯到最早之前的時間點，想起小時候的某某人影響了你在個性上的是非判斷與偏差錯亂，你就會發現自己的思維被教得非常根深蒂固，把這些不是屬於自己的想法完全複製下來。

這就是你在「演」。但是，你卻完全不自知，而且常常誰是好人、誰是壞人都搞不清楚。你會以為某個人是好人，這個人往往對你生命的影響非常大，不過你卻在演他的惡習。

不管你演的這個人究竟是好人或壞人，總而言之，你演的一定是他的缺點。你希望能演出他的優點，但這些優點是你與生俱來的，根本不需要演；你沒料到自己演的一定是對方的缺點。

所以，在探索自己的過程中就可以看到，你到底在演什麼。可怕的是，如果不做自己，你不會知道真正的自己是什麼樣子。乍看之下你跟他很像，因為你在演；可是你不知道那個「你」並不是真正的自己，也不是你所希望的自己。

我們常常說要「做自己」。做不了自己的感覺其實很痛苦，可是你不知道到底是什麼東西擋住了你。你執意要「演」的那個動作，就像電腦裡某個常駐程式，只要一開機程式就自動開啟了。明明你很討厭人家這樣做，偏偏又不知道自己也是這樣。

比方說，你這些動作是在學你媽，你就會很討厭你媽這樣做。同樣地，如果你學的人是你爸，你就會很討厭你爸這樣。很不幸地，你把你媽跟你爸演得非常像，尤其是他們身上的缺點，簡直是一模一樣。

關於這一點，你要先了解，哪些事情不是你要的？你就要想辦法把它一層一層地剝掉。當你很清楚地發現自己在演某個人，你的感覺是什麼？把這些感覺寫下來。如果不夠寫，可以記錄在別的紙上。

1.

2.

3.

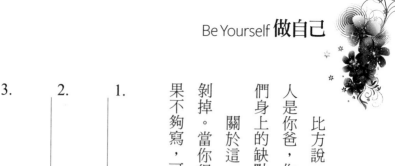

在生活裡面，我們在決定一件事情之前，常常會想東想西，腦海中浮現一些不是你自己的聲音。比方說，爺爺的聲音忽然跑出來了，或是想到媽媽說了什麼話，有時甚至像住在傳統的大雜院裡，三姑六婆有很多話要講，反正這些話都不是你自己說的。

要是沒有把這些雜音清除掉，你決定事情的速度會很慢，某些需要下決定的時刻，你就會顯得呆呆的或不夠果斷，也會因為想太多而綁手綁腳，把生活搞得非常複雜。

只要你能夠進步成長，就會知道那些事情的對錯好壞，也會明白應該怎麼去控制。你要有辦法控制腦海中的雜音，大聲地說：「安靜！我說了算！」它就會停下來。但是，如果你不負責任也不去控制，你一直聽別人的，情緒就會起起伏伏，生活裡雞毛蒜皮的事情都可以讓你抓狂。

當你被這些別人的影子影響，做了不是屬於自己的決定，就是在演別人。等到你把這些自己不喜歡的事情全都挖出來，你就能體會自己在幹什麼，你也會曉得，那些都不是你。你明明很討厭的那些缺點，卻把它複製出來發揮在生活裡。

所以，你是不是常常會有一種很奇怪的感覺，覺得好像很討厭自己？那是因為你很討厭這些原本並不屬於你的影子，卻陰魂不散地附在你身上，最後你變成了替死鬼，連自己都恨自己？

那是你自己活該。因為你是演別人，沒在做自己。演，就等於同罪。別人犯罪或許不關你的事，但你模仿別人去犯罪，一樣會被抓去審判。你說你很無辜，你在演別人，那不是真正的你。但誰知道你所說的是真還是假？誰又會同情你是真還是假？誰犯了罪，就抓誰去關嘛！所以，你就會恨自己，評估貶低自己，討厭你自己，覺得自己很賤、很爛。

你要做自己，不去演別人，就不會有這個問題。但是，你就是不由自主地很愛演，而且演得跟真的一樣，沒人知道你到底是真的還假的。

如果你爸爸一抓狂就罵髒話，你有樣學樣也跟著一起罵，每次看到老師就講髒話，老師當然就抓你去見訓導主任嘛！難道你能跟訓導主任說：「剛剛罵髒話的不是我，是我爸爸。」

訓導主任才不管你演誰，他一定會說：「你給我立正站好！你敢再講一次髒話，我包你畢不了業。」

人生本來就是這樣。但是，如果你知道那個自己並不是真正的你，就不必再恨自己了。不過，下次在類似的情況下，你也不能再犯，你不是很討厭這樣的自己嗎？既然很討厭，你為什麼要演？

你要演，應該演你喜歡對方的優點。如果你演爸爸很有禮貌的樣子，當然不會有問題。演出來的是缺點，當然會被人修理，被老師處罰，被警察捉去關！所以，你要了解自己在幹什麼，這到底是不是你自己。

什麼叫「不是你自己」？因為你討厭這樣的自己。你為什麼要做自己討厭的事？這絕對不是你。但是，你常常不由自主地在演別人，還以為這樣就是做自己，所以你很矛盾、很困惑，也不曉得為什麼婚姻不幸福、事業不順利、人際關係不好。

你看看，人生是不是白白糟蹋掉了？因為你演別人，人生變得有多衰？這常常是人生裡最大的盲點，無時無刻都在影響。你該花點時間仔細想想這些問題。當你把討厭的自己挖出來之後，就要想辦法把這些「刺」給拔掉，別讓這些不屬於你的東西繼續影響。

你要了解這些影響有多麼地深。如果不把這些刺拔掉，等你有了孩子，他就會繼續演下去，小孩會承傳所有你爸爸媽媽留給你的東西，而且他會變本加厲，因為再加上你自己本身的偏差錯亂，小孩全部都會學起來。如果你不改，下一代怎麼辦？只要不進步成長，身邊的人都會很痛苦。

只要你繼續演下去，你孩子也會演，而且還不一定知道他在演誰呢。有一天當你跟小孩吵架，有可能是你在跟你爸爸在吵架（孩子演爺爺），或是你演你爺爺，孩子演媽媽，好像演布袋戲一樣，不知道現在是誰跟誰正在捉對廝殺，聽起來很好笑，是不是？但實際發生的時候，你一定笑不出來！更悲哀的是，你爸過世了，你還是繼續在演他的戲碼，但最後被抓去關的人是你。

當不能做自己的時候，該如何選擇？

人們常說：「生活裡不如意之事，十常八九。」但也不是真的就是這麼地倒楣，完全看你怎麼去看待這樣的事情。

譬如說，有些時候你想要做點什麼事情，比方說你想要看點書，偏偏媽媽就叫你別看書了，跟她一起去阿姨家。你可以稍微思考一下，在這個時間點上，你為什麼一定要堅持看書，而不跟媽媽去拜訪阿姨？這樣的堅持是否真的有必要？你可以再進一步地思考，如果你跟媽媽去拜訪阿姨，會怎麼樣？如果你不跟她去，又會怎麼樣？這是你可以從不同的角度去考量的事。

如果媽媽很堅持這件事情你非做不可，你也不必因為沒辦法做自己想做的事而感到悲哀。做自己是一輩子的事情，不是在某個時間點或某個小事上堅持，跟對方爭執你一定要怎樣。

你應該這樣去想：「如果我跟媽媽去拜訪阿姨，對我們兩家的感情會更有幫助。」其實，這也是你所希望的事情，也算是做自己的一部份，對不對？並不是說現在你一定要讀書，所以一定要拒絕跟媽媽去阿姨家，這樣的堅持就會變得非常幼稚，對你跟媽媽的關係也不好，這樣的對立也不是你樂於見到的。

此外，你也不是永遠都會跟媽媽住在一起，對不對？總有一天你會長大。如果把這個例子的對象轉換成你的另一半，那麼，假設先生現在回到家裡來，他想找你聊天，你當老婆的就要陪他，原本正在做的事情就要被打斷，不方便繼續寫作或不能練鋼琴，或是不能跟自己的朋友繼續講電話之類的。

那麼，你就會想：「不行啊，我要做我自己啊！」「我就不是想跟他講話呀！這個時間點上，我有我自己的事情要做啊！」「我還有工作要處理，明天的案件很重要，哪有時間管老公呢？」

是不是一樣？那你也應該思考一下，先生是不是永遠都會一直找你聊天，你現在正在處理事情的時間，也不是都不能改變的。那麼，你可以先陪他聊天，這對你來說也是一件很重要的事情，也是做自己的一部份，因為你還是希望你跟先生的感情很好，是不是？

所以，你不需要為了「現在我要做我自己」這件事情跟另一半搞到不愉快，甚至跟他吵架。如果他找你聊天是暫時的事情，他不會每個晚上的這個時間點都要你陪，你可以讓手上的這些事做一些調整。這個時間點你陪他聊天，這是一個選擇，不見得就不是做自己。

再比方說，人生有些時候要做某件事就得耗個幾年，不是只有兩三個小時就能解決。例如你希望有個小孩，光是懷孕就要十個月，生小孩之後要坐月子，還得花時間養他、教他……，這些都是你生活的一部份。

你不能夠說：「那個時間點我很生氣啊！我就是不能做自己呀！」並不是說在那個時間點你不能夠選擇做自己想做的事；你應該思考自己該怎樣去做最生存的選擇，而且是以整個人生做為考量，這仍是在做你自己的事情。

至於該怎麼選擇比較生存，就要看當時的狀況。以剛剛老公找你聊天的例子來說，如果先生都不去上班，成天黏著你鬼混，這個時候你就要思考到底他發生了什麼事情？怎樣跟他溝通才是最好的？在這樣的情況之下，你便需要重新調整，然後再選擇最好的應對方式。

如果只是先生下班回來，在這個時間點上他想要跟你在一起，你是否需要那麼堅持地要做自己的事而不去陪他？或者是說，媽媽現在要你陪著去找阿姨，你媽媽並沒有天天都去阿姨家啊，一年好不容易才拜訪這麼一次，那你又何必堅持一定不跟她去，對不對？

這種態度並不是叫你一定要去妥協，重點是要有更進一步的理解。你應該了解你跟媽媽去見阿姨不見得是壞事，而且你也難得陪陪媽媽，是不是跟阿姨打好關係，也是做自己的一部份？是不是讓媽媽開心，也是自己想要的一部份？這些狀況都是應該考慮進去的。

不過，比較自私、幼稚的人，就會在這個節骨眼上說：「現在是晚上七點，也是我休閒看書的時間，請不要隨便打擾我！」

「我現在非得做這件事情不可。你若逼我，就別怪我跟你翻臉！」

不成熟的人，會誤以為「做自己」是神聖不可侵犯的。別人怎樣都無所謂，他心裡想的永遠是自己的事最重要，擺出一副「天上天下，唯我獨尊」的姿態，誰要是犯著我，我就跟你吵架、跟你掀桌子，跟你沒完沒了。這種人不管做什麼事情都是以自爽的態度為出發點，並不是真正的「做自己」，而是「自私」。

「結婚有什麼好？多一個人多難搞！」

「媽媽太囉嗦了，每次聽她唸經就火大。」

「生小孩要幹嘛？沒事何必自找麻煩？」

這種人的心裡，永遠認為世界是繞著他轉，所以自己開心就好，別人的事都無所謂。很明顯地，他對「做自己」這三個字的定義，有著嚴重的曲解。

關於「做自己」，你要有更深一層的理解，才不會跟「自私」混為一談。什麼時候該做什麼事情，你可以自己選擇；至於怎麼選擇才好？其實這跟你一輩子長遠的計畫、跟人生定位都有關係。

並不是說，在這一個時間點不能做自己喜歡做的事，那我就要翻臉——你做自己，也包括做你爸媽的小孩嘛！同時也包括扮演老公或老婆的身份，也包括做別人的朋友、同事等等，這些角色都包含自己在裡面，各種身份都屬於你的一部分。

那麼，你該怎麼選擇才好？

陪不陪先生聊天，或是要不要跟媽媽出門、陪不陪小孩，這些都不是你要考慮的重點。你該仔細思考的是：做了這個決定之後的結果，能不能讓你更能夠做你自己？偶爾一、兩次，都不必去跟對方計較，這只會凸顯自己是非常小器的人，也跟我們所講的「做自己」毫無關係。而那些吵架、翻臉、吃醋、惡言相向的嘴臉，是你喜歡的自己嗎？

所以，做自己的重點在於你怎麼去調配會比較適合；在做決定的時候，還是選擇做你自己。

譬如說，你現在正在用電腦規劃一個案子，這件事對你的工作很重要。但是，當這個時間點你沒辦法用電腦的時候，你要這樣想：「我並沒有放棄我真正要做的事。我只是暫時去做別的事情。」

這就像去參加演唱會或看歌劇，會有中場休息可以去上個洗手間，可以處理一些其他的事情。你不會因為好不容易買了一張票進來，因為門票很貴，就堅持主辦單位把中場休息的時間取消，然後抗議你不想上廁所，因為這不是你要的，你不想浪費這些時間。

假設你參加一個宴會之後要開車回家，但在回家之前，你答應先送兩個朋友回去，不管順路或不順路，反正就是得先把他們送回家。你要搞清楚，送朋友這段路程也是「做自己」的一部分。你把朋友送回去，一樣跟他們說再見，把他們服務到家，他們也很高興，最後你也回家了，皆大歡喜。

在生活裡面常會有這種需要調適的情況，因為某種需要，暫時先去處理一些其他的事情，就像電話插撥一樣嘛！插撥講完了，就繼續和剛剛溝通的人繼續原來的話題。這樣的調整並沒有代表你不做自己，而是選擇先去跟別人合作做一些其他的事情。當事情的處理告一段落了，再回到原來的軌道上，朝向自己要走的人生目標前進。

永遠不要讓自己迷失在一些小細節上，卡在那兒像打了死結解不開，在迷宮裡面繞半天還是找不到出口，那種「做自己」是一種錯誤的迷思。

「做自己」就像要回家一樣。或許有些時候你需要送朋友回家，或是路上遇到施工需要繞個彎，也沒什麼大不了，因為最後還是會回到家。你知道自己的大方向之後，就不會在這些小細節上面那麼地固執，一不順心就想跟人理論、吵架，這些都是不必要的事。只要不迷失自己的大方向，選擇是可以很有彈性的。

第四章

如何誠實面對自己?

前面的章節有提到，當你不能做自己的時候，會有很多很多的理由，對吧？其中一個理由就是：「唉，我沒辦法真正的誠實……」

這就是你要學的，你要認真地去學會怎樣誠實地面對自己，做真正的自己，這就是一種人生必須練的基本功！

就好比說，現在你正在練空手道，要空手劈磚塊。一開始你當然劈不下去，手會痛啊！那該怎麼辦？既然這是成為高手必經的過程，你就應該要能夠學會這個基本功，要繼續練下去，練到你會為止。

誠實，是一種功力

不是每個人天生就喜歡誠實，不是課本上教「做人要誠實」，大家就一定會誠實，人生要是這樣容易的話，就實在美好的不得了了！

一個人要能夠誠實地面對自己，並不是與生俱來的本能，這都是後天磨練出來的功力，而且是一件非常偉大、非常不容易做到的事情。

或許，大家都會這麼說：「我沒有不誠實啊！從小我都沒有欺騙過別人啊！」「我覺得我很好啊！我又沒有殺人放火，沒做什麼違背良心的勾當……」我們講的「誠實」不是這個意思。而一般人所說的這個東西，其實也不是真正的誠實。

簡單問你一個問題：「你有沒有騙過你媽？」

「我沒有騙過我媽呀。」

「可是，你怎麼常常對你媽講假話？」

「……那不是假話，那叫做善意的欺騙。」

這種狀況，就是不能夠做到誠實。

這也要講到很多的細節。很多人會一直提出申辯，找很多理由證明自己不是不誠實，而是因為這些理由所以沒辦法說出真心話，沒辦法對自己誠實。

做不到就做不到，講那麼多幹嘛？只要問一句話：「你希不希望能做到？」

好，一句話就可以問出來了。

「你希不希望你能夠誠實？」

現在問的這個問題，是在沒有任何的壓力，沒有任何的外力威脅之下。你回答這個問題不需要東閃西躲，不敢面對自己的內心，每天都在苟延殘喘地欺騙自己。

「如果沒有這些理由，請問一下，你希望自己怎麼做？」

至少這樣問了之後，目標會明確一點，對不對？你真正的想要的是什麼？

所以，你要懂得問自己。你要常常問自己：「我想要怎麼做？」

「我希望的情況是什麼樣子？」

在怎樣的情況下，你會覺得這是最完美的、最理想的結果。

當然，理想是一回事，現實當然又是另外一回事。可是，這不是我們要討論的，我們並不是在討論「當理想和現實不能結合的時候，我就只好欺騙自己！」，或是「我的不誠實，是逼不得已的……」這個不應該是你拿來當作不誠實的理由嘛，是不是？

「我就是要他還錢！要是我拿不到錢的話，我就把他殺了！」這是什麼理由，對不對？

「我想要贏！但我就是贏不了他，所以我就作弊，玩陰的，想辦法害他……」因為達不到目的，所以你就用其他的理由來辯解，這也不是我們要討論的情況。

誠實做自己本身，考驗到非常重要的面對能力——你怎麼樣去面對自己？你該怎麼樣不偏離軌道，不逃避地讓自己去面對、去接受這些事實，然後朝著自己選擇的方向邁進？

其實，「做自己」對很多人來說是相當相當恐怖的事，有很多時候想要做自己，必須很勇敢。就像我們常會看到很多政治人物，或者是電影裡出現的英雄，他們在一些場合或是某些情況之下，若去選擇自己希望做的事，就必須去面對代價高昂的結果。他決定去做那件事、去承受後果的勇氣，就是誠實做自己最可貴的地方。

那可是不得了的勇氣，要付出的代價也不是一般人願意面對的。

你有兩個選擇。一個，就是既然你做了，就要敢作敢當。大丈夫一言既出，駟馬難追，你不能做了又不敢當，這就是小人行徑嘛！決定做了就得要吞下來，這是誠實裡面很重要的一門功課。

另外一個角度就是為了要誠實，你又很怕丟臉，那就不要做嘛，對不對？

所以說，這也是另外一種關於誠實的修煉。既然你丟不起這個臉，你沒有勇氣去幹這件事，從另外一個角度來看，「不敢」也是一種誠實——因為你不希望會有那些後果，所以決定用另外一種方式來行事，做你的人生。

舉例來說，你想要自己創業，希望不計代價去實踐它；但相對的，你也必須要付出極為慘痛的代價。如此一來，真正的「誠實」會是怎樣？我們可以把這種誠實分成兩種類型。

第一種人會說：「那我就衝了！」然後就義無反顧地去做了。不管他是不是真的有達到目標、有在計畫，或是任由事業虧損到底，甚至只是放著擺爛；他至少可以問心無愧地說：「我有去做過了！」

第二種人會說：「那我們就保守一點吧！因為我承擔不起破產，退一步，就不會有破產的風險。」這也是一種誠實。

這兩種想法都是誠實。可是，該怎樣去衡量選擇哪一邊比較好？就得看你的個性、你的勇氣還有能夠面對問題的能力，你願意承受後果的氣魄到什麼樣的程度。這些都是要練的，也可以藉著持續地練習而不斷進步。

可是，我要再一次地提醒各位：這些選擇並沒有對錯、好壞的分別，這是你各人的決定。你要決定自己該怎樣去做，怎麼樣是你最能夠接受的，你覺得最有辦法面對，最能舒適處理的。

每一個人都要給自己這樣的機會和空間，才有辦法真正去學習如何做自己。否則，那些大好、大壞的性格都不是一般人做得來的，要是你真的想去殺人放火，蹲大牢也不是你願意承受的。

每個人都有不同的個性，不是每一個人都做得起他想要做的事情。就像有些人開車速度要很慢，就是因為慢，他才會覺得安全。可是對某些愛開快車的人來說，坐速度太慢的車簡直是生不如死啊！

所以，你不需要去想著說：「我想要跟某某人一樣。」如果你一直去學別人，最後你自己會很痛苦，因為你不是那個料，對方呈現出來的樣子也不是你的風格，你想跟人家一模一樣，一定不會很舒服。所以，不要學別人，你要做你自己。

誠實面對自己需要勇氣，也要提升承受壓力的水準，讓那些原本你希望做到、卻認為不可能的事情有機會被創造出來。在這樣的磨練之下，你將學會愈來愈誠實地去面對自己的人生，就會一直進步成長，也能夠更有機會接近你所認為的真實自己。這需要一個層次、一個層次的逐漸提昇，你將會發現自己有不同的面相，有無限的可能。

千萬不要太悲觀的認定：「我就是這麼糟糕、我就是這麼無能……」這種負面的想法不是我們要談論的範圍。我們要討論的，是你用積極正面的態度去提昇自己的能力，不斷地朝向自己真正的方向前進。當你能夠誠實面對自己的時候，你就愈有實力去發揮自己的潛能，這也是生活裡面需要進步成長的目的。

做自己，就是為了要讓生命更美好，為了能夠享受人生、實現夢想、主導自己想要的一切；當人生做到自己想要的目標，這就是一個最偉大的成功。

一直躲避、妥協的我，是否才是真正的自己？

很多人會有這樣的困惑。

「一直妥協、一直逃避？我本來就是這個樣子啊！」

「我就是這副德性，我就是這麼軟弱無能，是不是這個很衰、很倒楣、經常逃避、妥協、任人擺佈的人才是我啊？」

這個問題，還是要問你自己呀！

有的人會說：「問我自己？我也不知道。」

好，如果不知道也沒關係。現在問你一個問題，你就會知道了。

「你喜不喜歡現在這樣的你？」

請誠實地回答。你喜不喜歡躲避的自己？你喜不喜歡妥協的自己？你欣不欣賞軟弱無能的自己？這是你選擇讓自己變成這樣的，你喜不喜歡？你回答給自己知道就行了。

你若不喜歡，就不是你；你喜歡，就是你自己。

如果你非常欣賞，這就是你的選擇。如果你覺得這樣的自己真是有夠討厭，到底怎麼搞的，連你都看不起自己的無能，恨自己這麼沒用，或是你覺得這副德性真是有夠可惡，怎麼能活得這麼衰、這麼無能、這麼討人厭、無恥、下賤、卑鄙、下流……先不要講別人怎麼看你，連你都想給自己一巴掌，對不對？反正你不喜歡。

既然你不喜歡這樣的自己，那怎麼可能會是真正的你呢？一定不會是嘛！不喜歡，就要改；既然要改，就涉及到進步成長的範圍。你要去學、要去改、去面對，而不是任由自己這樣的擺爛下去。你到底是故意擺爛的呢？或是真的無能？這是不同的兩件事。如果不知道現在是不是在做真正的自己，你應該問自己喜不喜歡？就會知道問題的答案。

要是你都討厭你自己，怎麼能去叫別人喜歡你？你又如何去開拓自己的人生？你怎麼能讓自己飛黃騰達？不太可能有機會吧？幾乎等於零。這裡簡單地告訴你，一定得要想辦法從谷底爬出來。

「我現在覺得很悲情，那不也是我嗎？如果那不是我，又是誰啊？」

很多人陷入低潮的時候會這樣講：我現在就這副德性，懶懶散散、渾渾噩噩、醉生夢死、瘋瘋癲癲的，快樂就不是我的風格嘛！我走的就是那種頹廢的路線啊！我就不是正人君子，我喜歡胡搞瞎搞啊……

就很多人會問這樣子的問題。「那這樣子，難道就不是我嗎？我二十年都這副德性啊？」

「我向來就是這副調調呀！」

「大家都認識這樣的我啊！」

這是一件很有趣的事。即使你這麼說，我還是要反問你一句：「那你覺得呢？」你知道其實你也不想這樣，只是沒辦法控制，並不代表你喜歡這樣，是不是？

有些時候，你也想改呀。你心裡也是認真思考過：「哎！不要這樣子啦。這樣好像不太好……」

「還是有點良心比較好。」

「我這樣子做，好像不是好人的行徑……」

「這樣似乎對不起別人……」

有些時候，其實你是很無奈的，因為你也不喜歡這樣。如果你很喜歡，那就是做自己。如果你覺得不應該這樣，也有想要改的意願，這才會有辦法。

那麼，你到底是做誰呢？你誰都不像！四不像，對不對？你可能學爸媽、學朋友、學老師、學電影明星……，天曉得你在學誰，很多對象都有可能。不管是學誰，反正那就不是你。

「那個我，到底是誰？」

不太重要吧，對不對？如果我告訴你：「那不是真正的你，現在的你，其實是某某人。」就算你現在做皇帝，做明星，或是做屠夫、做罪犯，那又怎樣呢？是「誰」一點都不重要，世界上有太多「誰」了嘛！你知道是「誰」對你沒什麼好處，那個人可能已經死八百年了。

只有你才知道有沒有做自己。只有做了對的你，你才會開心，才會覺得舒服。那種感受如人飲水，只有自己才會知道，別人沒辦法替你感覺，也沒辦法幫你衡量；這可不是在做衣服，拿尺來量一量就知道了。

為什麼你必須要誠實？不管做什麼，在我們心裡都會有一個聲音，心裡面真正的想講的一句話、一種感覺。

就好比在跳舞的時候，你必須要知道自己的腳放在哪裡、重心在哪裡。會不會跌倒？有沒有站穩？誰都沒有辦法幫你啊！穩不穩，只有你自己知道。

要跳高之前，你有沒有把重心完全放在右腳？起跳的時候，著力點對不對？起跑的時候順不順？

你看人家溜冰的動作很漂亮。換你溜的時候，明明想擺一樣的姿勢，動作就是不一樣，對不對？你看對方做這個動作一氣呵成，非常乾淨俐落；換你做的時候就好像不是這樣，是不是？

打籃球也是一樣啊！人家就這樣快攻切進去，然後找縫隙上籃得分。換你的時候，你也想找縫隙鑽，偏偏就被擋住切不進去，一跳起來就吃火鍋啊。

只有你自己知道這樣做之後會變成怎樣的結果，沒有人可以幫你。人家看好像是這樣，你看別人也好像是那樣；可是，不管再怎麼樣看、怎麼感覺，都不是自己實際做的這麼一回事。

不管你選擇是怎樣，最後結果是怎樣，都是你自己。你做了自己，別人就算想學也是學不來的。畢竟他沒有你的腳，他不知道你的感覺，沒有你的腦袋，沒有你的速度，沒有你的平衡，是不是？所以他沒有辦法學你。有些人是想學，但學得起來嗎？像嗎？一定不可能一樣的！

所以，人千萬不要去學別人，一定要有自己的風格。

就算是模仿，也只是為了好玩。一個歌星去模仿另一個歌星，這是娛樂效果。至於真正的人生，你可以把模仿當成是一種樂趣，不過在模仿的時候，是不是還是在做你自己才有辦法模仿？要不然，是誰在模仿？

至於做生意的時候是不一樣的，那是一個訣竅，也就是說那種模仿、複製是暫時性的，不是永久都一成不變的。如果你一直抄襲別人，到底是要幹嘛？就像跟屁蟲一樣，沒有自己的風格，沒有自己的市場，遲早是要完蛋的。

當然，你可以做個專門模仿的歌星，那是因為你給自己的定位就是在模仿別人。就娛樂的效果，你模仿別人給觀眾看，觀眾覺得很像就會給你掌聲。可是，模仿別人的人究竟是誰？最後獲得掌聲的人到底是誰？這個人還是你呀！只有你才能決定自己要不要模仿。

那麼，到底你有沒有做自己？這完全是一種能力，一種定位的能力。你必須要有自己的中心思想，你必須要把自己當成是一個有特色的產品。

人們常常會問：這誰做的啊？這文章誰寫的啊？這是誰發明的啊？那個「誰」是什麼意思？就是那個人的自己，也代表這個人的特色、性格。

你不喜歡的自己，就不是你。那個東西可以改、可以修，沒有任何人會堅持做一個不喜歡的自己，像自虐狂一樣痛苦折磨到死。

你可以問一個人：「你是不是一定要這樣？」你可以察覺到他快不快樂。沒有一個人被虐待還是很快樂的，就算他表現的很快樂也是假的，那是一種不正常，是一種病態。或許他會說他喜歡這樣，那並不代表他內心真的快樂，我們不需要把那種變態的事情拿出來討論。

這本書是在探討人生，探討怎樣創造幸福，怎麼樣找到自由和快樂，而不是在遊戲人間，也不是在演綜藝節目，大家看著看著，嘻嘻哈哈就過去了。那種嘻皮笑臉的開心，不是我們真正要追求的幸福快樂。

當然，你也可以嘻嘻哈哈就過了。不過，你要真的過得了人生的關卡，你臉上的笑必須是發自內心的，這才是「做自己」要定位的真正方向。

Q：要怎樣才能察覺到自己的缺點？

沒有什麼需要察覺的問題。你不需要每天把自己的缺點列出來，列這麼多要幹嘛呢？要開展覽會？不必一直花時間去想自己有什麼缺點，沒那麼多時間。

想要發現缺點，做事是最好的方法，只要多做事就可以發現了。如果你能力不夠，就一定會出紕漏，所以要一直努力不讓事情出紕漏。換句話說，把事情做好、做快、做對，就會增加你的優點，也可以把這些缺點翻轉過來。

另外一個方式，就是和另一個人結婚，你人生裡所有的問題都會跑出來。你不曉得自己的個性有什麼毛病？結婚馬上就知道了。要是結婚還不夠，就生個孩子當爸媽，那些缺點一定會爆開。

你只要把進度趕在前面，今天開始做明後天的事，多生幾個孩子、多做幾件事，你就會看到自己有什麼問題。你會發現自己應付不了、能力不夠，所以就趕快去想辦法進步。你得讓自己可以處理事情的範圍擴大，就一定會看到自己的問題。

不過，也不是要強逼著自己沒達到目標就去上吊，就是罪該萬死。進步的過程應該是快樂的，並且在突破過程中體會到前所未有的感動。如果你採用的方式是對的，應該會樂此不疲才對。

所以，不必花時間去想自己的問題是什麼，只要做更多的事情，努力把自己的成績再提高，努力去追求你的夢想，問題全部都會抖出來。

第五章

什麼是自信？
什麼是自我感覺良好？

有自信的人，一定要能夠了解自己。

什麼叫了解自己？就是你對自己所有的感覺都必須很清楚，而且可以明確地表達出來。

如果有人問你：「你對這件事有什麼想法？」你給的答案裡有很多的：「嗯……這個……」這些讓人不明確的感覺，你必須要把它拿掉。當你真正擁有自信，沒有這些猶疑不定的感覺時，不管是你對自己或是別人看你，都會覺得舒服自在。

自信，是練出來的

想要非常徹底地了解自己，而且要毫無困難地表達出自己的想法，必須經過嚴密的思考與練習。你看別人上台演講，一舉手、一投足都很自然，可知道人家練了多久？如果沒那份能耐，從現在就要開始練。雖然很辛苦，但不進步成長，你會更辛苦。

如果不快點進步成長，問題會愈來愈大，變成「化石」的機率也會愈來愈高，你只是苦不堪言，並不代表你就不喜歡進步成長。我可以了解許多人在想什麼，因為進步成長必須面對痛苦。

你可以試想一下，不要進步成長會發生什麼事？要是五年後的你比現在還笨，薪水比現在少，健康比現在慘，人比現在還醜，光是用想的就很慘。

人生是一條不歸路。你能回到昨天嗎？你有沒有遇過今天要補做昨天的事？要是明天還要補前天的事，可不可怕？你一起床，今天的事都還沒開始，就要去補前天的事。有沒有發生過這樣的情況？

為什麼我常常提醒大家，做事情一定要趕在時間的前面？如果你今天在做明天的事，這種感覺就會好一點。如果今天做後天的事呢？你就有機會提早放假、提早過年，對吧？

進步成長很辛苦，沒錯。可是沒有進步成長的人，就是今天在做昨天的事，甚至明天還要做前天的事。我常常幫人作媒，最可怕的就是遇到那種年齡已經五十歲的人，但他的思考觀念、行為模式甚至連穿著都還是十七歲的樣子，那就是沒有進步成長的例子。

你不要一直在想進步成長很痛苦。你要想，不進步成長會有多痛苦，不但你很痛苦，你身邊的人都很痛苦。不相信的話，你可以看看自己的爸媽，他有沒有比十年前進步？如果他有進步，你會舒服一點。如果爸媽都沒有進步，你會有什麼感覺？光想到要回家就很痛苦。

要做自己，就要了解自己有什麼感覺，當你有任何想法的時候，都要馬上講出來。如果你都不表達，即便腦袋裡很有想法，到最後看起來就像個呆子。人家問你問題，回答一定要很流利，別讓人覺得你的腦袋什麼地方被堵住一樣，像一台故障的電腦，要別人怎麼用呢？

你對自己的感覺一定要很敏感，一定要先知己，才能知彼。如果不知己，光是知彼要幹嘛？你很了解別人，但自己有幾斤幾兩都不曉得，這樣很奇怪吧？你了解別人的程度就會不真實。

舉例來說，你該怎麼去選擇適合自己的另一半？要是你連自己都不了解，那一定會鬧笑話，不管你看人的眼光有多準，都無法契合到自己身上。

「我選這個女生，我對她的感覺很好。」

然後呢？包你馬上出問題。為什麼會出問題？因為你根本不了解自己。當你很了解自己的時候，你一看馬上就會知道對方跟你合不合。要是你不了解自己，算命算了老半天，準或不準有什麼差別呢？

你表達自己感覺的速度，決定了你到底有多了解自己。當我問你有什麼感覺，要是你不能馬上回答，你就不夠了解你自己。這就像我問你什麼是九九乘法，你想很久講不出來，到底是會還是不會？如果你會，你的回答應該不會有任何的遲疑。

「你的優點是什麼？」

「喔，我喔……」

這樣心虛的感覺，是不是露出馬腳？

「我很講義氣，我對朋友都兩肋插刀！」

好，我現在問你，你講了以後，人家相信嗎？如果你講了自己的優點，別人會覺得很羨慕，覺得你很棒，而且你自己也很開心，這才有意思。要不然你跟別人講自己的優點能幹嘛？只會讓別人更看不起你。

你要怎麼講？有優點，你要能夠展現出來，講完了還要讓對方覺得你真的很不錯。要不然，你講出來給別人的感覺都是：「呵呵，真的嗎？」那你就失敗了，人家根本懶的理你，甚至把你當成笑話。

「我覺得啊……我有一個優點，嗯……我還滿守時的。」有什麼好覺得的？人家一聽你這麼不確定，最多只給你二十分。

如果你要講，就要很明確定說：「我告訴你我的優點，我好喜歡自己這個優點。你知道嗎？我的毅力，講出來都可以讓人嚇死了。想跟我比賽的人只要看到我的毅力，不必比就自動認輸了。這就是我的優點。」

你要能夠這樣講，要講到讓人覺得：「哇！真不錯！」不管他認不認識你，你都要有本事讓他覺得你的優點真的很棒。你要很清楚地表達出來，而且要對自己很有自信，不然講完反而變缺點，讓人瞧不起你。

這種自信不是與生俱來的。你以為上台講一分鐘，就會變得很厲害了？要是這麼簡單的話，那每個人都可以上電視去接受採訪，都可以當主持人或導播了。你必須在生活中盡可能的找機會練習，比方說自我介紹、上台演講或是多跟親友、客戶聊天。你一定要更清楚地知道自己的感覺，並明確地把這些感覺表達出來。

在練習的時候，你會發現要是沒有真正地了解自己，怎麼可能會有自信？如果你愈知道自己的優點跟缺點，你就愈瞭解自己，自然也就愈有自信。優點是可以創造培養的，也是需要時間來訓練學習，累積經驗。至於自信，只要你把事情做對了，然後不斷地增加自己的優點，知道怎麼做會更好，就會有自信。

舉一個簡單的例子：你怎樣做蛋炒飯，會很有自信？你要很有把握每一次都可以做到一百分。不管在任何時間，只要有對的材料，你都可以保證做出「標準」的蛋炒飯，而且保證好吃。當你可以連續炒蛋炒飯一千次都不失誤，這就叫自信。

那麼，什麼又是「自我感覺良好」？

以剛剛的例子來說，你炒了一盤蛋炒飯出來，要嘛太黏，要嘛太鹹，別人就是不滿意，沒人想要吃。可是你卻說：「我很有自信，我做的蛋炒飯可以拿去賣了。」到底真的假的？

這種自信，就算別人恭維也會心虛——沒有人會買單呀！根本賣不出去。但你不知哪來的自信，還是堅持自己炒得很不錯，簡直讓人傻眼。

下次人家說：「喂，你不是很會做蛋炒飯嗎？去炒一盤吧。」

「我要看是哪種鍋子，用哪種火爐？有我要用的豬油嗎？飯是不是隔夜的？份量剛不剛好？」

到底會還是不會呢？炒出來了，還是黏成一坨。

「這是因為你們家的油不對，而且我平常都有放蔥。」

你會聽到很多的理由跟解釋。平常在職場是不是這樣？在生活圈子裡是不是也常見到？明明他應徵的時候說會，上了班之後卻什麼都不會，搞得大家都很尷尬；老闆很生氣，同事很生氣，你也很生氣，大家都很生氣！發生什麼事情？因為有人「自我感覺良好」。

你當然可以「自我感覺良好」，那就做啊。結果做出了什麼？人家就是不滿意嘛！你自己很滿意的設計，偏偏客戶就是不喜歡；叫你畫線又畫到歪掉，改圖又改到髒掉，什麼都不對。這就是工作上常發生的問題，因為這種「自我感覺良好」，並不是真正的自信——一直發生錯誤，卻死性不改。

當然，並不是說一定要有很多優點才能有自信，也不是出了錯就不能有自信。你可以犯錯，但你必須很清楚做錯了什麼，知道自己是怎麼錯的。有缺點跟沒有自信是不能畫上等號的，重點是你要真的了解，才能夠有自信。

真正有自信的人，不代表他沒有缺點，但他非常清楚自己的缺點是什麼，他很了解自己。

「自我感覺良好」這句話為什麼聽起來那麼諷刺？因為這個良好的感覺並不是事實，而是自欺欺人。那麼，你為什麼要自我感覺良好？為什麼不是大家都覺得你很好？這表示你只是活在自己的世界裡，好比以為自己是萬人迷，結果根本就嫁不出去。

所以，「自我感覺良好」也表示你並不了解自己，而且高估自己太多，更慘的是你的自信是假的。

自我感覺良好是一種很危險的警訊，因為別人對你這種良好的感覺都沒有真實性，對他們來說，你表現出來的自信讓人很突兀。所以，你要真正的了解自己，而不是一味地自我感覺良好。

自信與自尊

關於「做自己」的另一個問題，要提到「自信」跟「自尊」。如果一個人沒辦法做自己，就會變成沒有自信，也會沒有自尊，更甭提有你自己的空間。

你想要有自己的空間，是必須靠你自己去爭取來的，你要有向別人爭取的能力。至於要怎麼才能有這個能力？如果這裡是你家，你要有辦法讓別人不能侵犯。要是外人隨時都可以進進出出，那這個地方到底是不是你家？你完全沒有能力控制，這就是你變得沒有自信、沒有自尊的地方，當然就沒有自己可言。你希望這個空間是你的，就要有能力要求別人讓你在這個領域裡自由發揮。

不過，這樣的要求跟獲得你的空間，並不代表需要對方的認同。對方認不認同你是他的事，但是你一定要能夠表達出你要做自己的意圖，你需要別人讓你做自己的空間。如果沒有這樣的能力，你就是一個沒有自信的人，也是一個沒有自尊的人。

譬如現在你要吃蘋果。不管別人認不認同，既然你要吃蘋果，你就要有辦法說出：「我要吃蘋果。」對不對？這就是你爭取到的空間，或是你要求別人讓你做自己的一個能力，這個能力就是溝通，要能夠表達你要的是什麼。就算有些時候會撕破臉或針鋒相對，也必須要如此，因為最後的目標是要做你自己，你得要求別人能夠讓你守住自己的空間。

這種溝通能力是非常重要的，因為關係到你的自尊與自信，關係到你的幸福跟快樂；你是不是看得起自己、信任自己，就是看你有沒有這個能力。

一個沒有辦法提出要求的人，一定沒辦法做自己！為什麼我強調不需要得到別人的認同？因為這是你的選擇，不管發生什麼後果都由你來負責，當然不需要他的同意啊！要是你要經過別人的同意或支持才能去做，這就已經不是你自己了，你是在遵循別人的意志，因為你會受到他人的影響，你要得到別人的認同之後才能做自己。

所以，「做自己」這件事跟別人的認同無關。對方認不認同都是額外的事，而不是一個必須的條件。能夠得到認同，這就叫「志同道合」，叫做投機、投緣，有共同的想法，算是額外的精神加持。不能得到認同，那就是道不同，不相為謀，即便是很要好的朋友都有可能會發生彼此不認同的情況。但若真的是朋友，就能夠彼此尊重，讓彼此都能做自己。

還有一種狀況是這樣的：需要別人發給你一份執照，你才可以去開店，如果他不給你執照，你不能做自己想做的事。那該怎麼辦？難道你就乾脆不要活了嗎？有很多人得不到認同或是沒有辦法為自己站台，就選擇不做自己，所以人生非常悲哀、非常畸形，根本就沒有自我存在的意義。

遇到自我感覺良好的人，要怎麼辨？

到底是不是自我感覺良好，從做出來的成績裡可以看到。有些時候還沒有辦法證實，就像車子的煞車壞了，開在路上還沒有出車禍，所以也沒辦法說他一定到不了目的地。

日常生活裡有很多事情，你要能夠迅速靈活地要求對方給出證明，否則沒辦法讓他知道他自己是不是自我感覺良好，有時甚至要等好幾年的時間，才能讓對方看到自己的問題。

以兩代之間的代溝為例。父母常對你說：「你這樣熬夜，以後一定會很慘！」你則說：「我怎麼會慘？」現在是因為你還年輕，所以不知道會發生什麼事。人家為什麼一直會這樣提醒你？因為他知道後面會完蛋。

今天換成是你遇到一個自我感覺良好的人，如果不能證明讓他看到未來會發生什麼結果，那麼就只能看著他完蛋。所以，你要聰明一點，要懂得去證明他這麼做會發生什麼事，除了讓對方明白之外，你也才能幫得了他。

不過，有很多狀況並不是這麼容易說明的，你得花時間去等待一個人自己覺悟，這也是人生的一種無奈。

比方說，你遇到一個自稱是萬人迷的人，她說自己交過的男朋友就像天上的星星一樣，數都數不清；現在想要追她的人，排隊都排到好幾條街後面去了。那你就可以問他：「喔？那你證明給我看看，有誰在追你？」

看成績嘛。要是沒有人在追，還敢說自己是萬人迷嗎？反正嫁不出去，就是沒成績嘛。但她會說：「我還在挑，目前的對象都看不上眼。」當這樣的萬人迷又有什麼用呢？遲早會枯萎凋零。

如果有個業績很糟糕的傢伙，卻一直吹牛說：「我是業界最厲害的銷售員！」你就問他：「你上禮拜做多少業績？去年呢？今年呢？」看他能有什麼藉口。你要有辦法證明讓他看清事實，因為成績就是不好。

但是，當你不能夠證實的時候，你拿不出證明，他就可以跟你翻臉，嚴重一點會涉及法律問題，因為你沒有證據，怎麼能去告他詐騙？所以，你在跟這種人溝通的時候得要夠機伶，要知道該怎麼去跟他應對。

有些比較有良心的人，他知道自己只是自我感覺良好，只要你夠厲害，沒多久他就會告訴你：「其實我是胡扯的啦，我沒那麼好。」他很快就會招了。但也有些人則是會一直掩蓋，為了面子，找了一大堆的理由來辯解。遇到這種不要臉的人，也只能從他的成績來證明，否則拿他沒辦法。

這像電影演的那些黑道的人，做了黑心事都要想辦法掩蓋起來；其實只是那些事沒被掀開來，大家心裡都知道他幹的不是什麼好事。你沒有辦法一直保持自我感覺良好，就像國王的新衣一樣，期待別人都沒看見你光著屁股，這是不可能的事；只是目前沒人要把事情掀開來，然後跟你撕破臉。要不然，只要仔細觀察，一定會有破綻。

但是，就算抓到破綻，也得看你要不要把它給揭穿。在生活當中有很多時候，你並不是唯一一個知道他是「自我感覺良好」的人，可是你沒辦法去揭穿。

就像一個智能障礙的孩子，媽媽還是會一直告訴他說：「孩子，你很棒。」你當然也可以去揭穿他，說他昨天打破玻璃、唸書都不會，但這樣做會比較好嗎？這就見仁見智了。

當然，也是有那種刻意寵小孩的父母，不論是非曲直就只是一味地偏袒，所以把孩子寵成了一個「自我感覺良好」的人。不管孩子幹了什麼事，父母親總是會說：「再怎麼說，他都是我兒子啊！」

你可以告訴他：「是啊。他是你兒子，可是他並不老實。」

你就是要敢講出來，才是做自己。大部分的人選擇睜一隻眼、閉一隻眼，天塌下來還有父母頂著，所以小孩才會這麼囂張跋扈。其實不是他真的很好，而是沒人戳破他。你要是戳破了，不管他是否跟你翻臉，其實他自己也會知道你說的是不是真的。

有些時候，是要看有沒有必要掀他的底牌。只是一般人不會這麼無聊，一天到晚去戳破對方的牛皮，最文明的方式，就是讓對方自己承認。要是由你來戳破他，很容易就會變成評估貶低對方。

你也不用一直想要去揭穿別人的底。你應該想辦法讓自己進步得快一點，只要你跑得很快，他就沒辦法自我感覺良好了，畢竟把成績攤開來看，就知道實力相差這麼懸殊。要是這樣他還是堅持他很厲害，好吧。他覺得月亮是方的，那就是方的吧；她覺得全世界沒人比她更有魅力，那就這樣吧。如果這傢伙是這樣地厚臉皮，你是沒辦法改變他的。

但是，如果這個厚臉皮的傢伙是你的另一半，或是身邊很親近的人，意義就不同了。你必須證明給他看，你要有能力去教育老婆或是教育父母，如此一來，你就真的要很有本事才行，你說的話要讓他沒辦法聽不進去。

所以，你不需要一直去想著別人是不是「自我感覺良好」，你要想辦法讓自己變的很有能力，所有的問題都能看得一清二楚，你才有辦法教小孩、教育另一半、教育父母，所有的東西你都要能講到讓別人聽得進去，聽得明白，就會有道理。

第六章

進退的分寸
該如何拿捏？

在做決定的時候，難免都會有進退上面的抉擇。

這是一個觀念的問題。如果你目前站的這個位置不能再站了，繼續站在這邊會出問題的時候，你能決定的事情就進一步或退一步，往左一步或往右一步，這都是一個可以改變的方式。

進退皆在方寸之間

既然我們講的做自己必須是跟進步有關，不管怎麼選擇，最後仍是要往前進的。但更進一步來看，我們有時候可以用不同的方式達到前進的效果。

這是什麼意思呢？

我們先從最基本的「以進為進」來看，意思就是在某些事情的決定上，如果你的選擇是「進」，你很堅持的話，事情是可以變的更好，那你就應該要前進。

假設現在你跟別人有爭執，你依然很堅持自己的立場，甚至於跟人家告上法庭，在法官面前捍衛著自己的立場。這個「以進為進」的意思就是你一定要堅持到底，這個「進」的決定並不代表不可理喻、盲目地向前衝，它本身就是一種原則，代表了你為自己的信念而擇善固執。正因為你選擇「進」之後，對於雙方之間的關係反而會變得比較好，也因為你守住了自己的底線，才可以看到更美好的前景。

我們再來看另一種方式：「以進為退」。怎麼樣可以讓「進」變成是一種「退」呢？就是說，當對方他不願意進，可是這件事情無論如何都應該要完成的，那麼你就只能先進。這個「進」，就算是一種讓步，為什麼？

譬如說，另一半跟你鬧彆扭，不跟你說話。你主動先去跟對方講話，或者是你先去跟他道歉，或是先做一些事情，這些都是「以進為退」。

有很多人會說：「我幹嘛要用熱臉去貼冷屁股？」

「吃虧怎麼可能是佔便宜？」

「他又不願意和好，為什麼要由我先開始？」

先付出就是一種「進」的動作。比方你先給個承諾，或是你先道歉，或是貨還沒到就先付款，這就是所謂的「進」。

在人生裡，很多時候的「進」並不只是堅持立場而已，而是一個主動出擊的決定。為什麼這樣「進」的決定會變成「退」呢？因為決定進的話，有很多地方是非常危險的，有很多地方是你不願意的。貨還沒到就先付錢，誰願意？老婆還沒出現就決定結婚，多可怕？世界上怎麼會有這種事？先付出是不是另有他圖，對不對？

以愛情為例。進，就是我決定先愛你，或是我先跟你下跪求婚，哇！光是想到就讓人發抖，好像我很糟糕、很丟臉或很沒面子，讓人家以為我吃虧了，是吧？

這些想法，都是觀念上的一種不健全，所以讓你很怕「進」。很多人都會說：「我保守一點，平安就好。」對不對？如果你抱著保守的態度，就覺得「進」是不好的、危險的，甚至不甘願，覺得是認輸的。然而，進退應該是一體兩面的關係。

你該進的時候就進，如果人家不進的時候你就進嘛！你就放膽前進，就算輸了就輸了，又會怎樣呢？至少你嘗試過了，體驗過失敗了，總是要有一種「我不下地獄，誰下地獄」的胸襟，其實再怎麼慘，也沒什麼大不了的。

所以，當某件事情你該進或是有機會進，都還是要選擇往前進才行。

那麼，這個「進」為什麼會成為「退」呢？因為你可能會失敗，可能會讓別人覺得你怎麼能這樣做，或是覺得你很突兀、很丟臉，這就是一種退。但在這個時間點上，你可以發現自己能夠進退自如，人生本來就是不進則退，沒有什麼大不了。

所以，當你以進為退的時候，你可以先道歉，或是有了目標就先開始去做，先去嘗試。你可能是在這個領域第一個打頭陣的人，會遭遇到失敗或一些丟臉的事，可是你還是可以虛懷若谷，從挫折中繼續學習，依然會有很多的機會和空間。別人要下台，你就讓他有台階下，他若要上台，你就讓他上得了台，讓他可以順利地達到他要的目標。那麼這樣子就會變成退，因為你也給別人一些空間。

在這個同時，如果對方的選擇是進，他先採取攻擊你或是傷害你，或是有些時候就是你沒有佔到天時地利人和的優勢，現在還不是你的機會，你就可以選擇退，伺機而動。這就是「以退為進」，就是讓別人先出招，或是別人願意先上台，你就先讓他表現。

別人想要第一個開始，你就殿後；人家走前面，你就走後面，就算走在人家後面也沒什麼關係；因為你現在選擇了退之後，後面就會有機會可以進。

你不一定要堅持進或是一定要退。該進或退，完全要看當時的局勢、機會還有狀況，不要該退的時候你不退，該進的時候你又不進，這樣就會很糟糕，搞到進退兩難。

不該進的時候你偏偏進，就會給人很貿然、衝動、不合時宜的感覺。不該退卻一直退，就會讓人覺得你很軟弱、很無能，沒辦法主動出擊也沒辦法去主導，這些都是不正確的應對方式，浪費了時間，也失去了信用，給別人留下幼稚的評價。

如果真的必須要退，也不需要把它想的很糟糕、很負面，好像自己永遠沒有出場的機會、沒有被老闆重用，或是吃了虧、賠了本……就算你是失敗者，有了這個退，才會讓你找到下一個進的機會，你應該把這些退當成是進攻之前的學習和經驗累積。

有道是：「休息，是為了走更長遠的路」，讓自己身段更柔軟，彎得愈低才能跳得更高；而不是當你發現無法前進的時候，為了面子問題還是堅持打死不退，讓自己打腫臉充胖子，最後碰到鼻青臉腫才知道教訓。

在進退上，不願意退或不願意進的誤判，都會對人生造成很大的傷害。用武術來比喻，當你不能進的時候，強行前進反而會受傷，有時候你退了，對方反而會跌倒，是不是？

有時候，前進反而是一種防守。譬如人家出拳打你，你以為退後他就打不到，其實剛好被打個正著；但只要你往前進一步，對方反而失去了揮拳的空間，變成沒辦法打到你，這就是所謂的以進為退，把進攻變成一種防守。這個時候你可以休息，可以喘氣，也為自己爭取到一些時間，贏得一些機會。

像是當你在跟爸媽相處的時候，我們常會用到這種以進為退的方式來做自己。就好比媽媽很生氣，你可以先跟她講話，先跟她道歉或是先跟她示意。你先主動進攻，同時也是給自己一個下台的機會；媽媽可能就不會那麼堅持而讓步一些，她會覺得：「好吧，那就先這樣。」原本的劍拔弩張的緊張態勢，反而會鬆弛下來。

所以，你不一定要完全堅持非進不可，或是一定要退，這種智慧在生活當中非常非常重要。如果你沒辦法學會進退之道，你只會進，身段非常不柔軟，常常會讓人覺得你這個人太直、太硬，弄得大家非撕破臉不可；或是你總是退，從不表明態度，表面上似乎什麼都無所謂，實際上心裡卻不是這麼想，別人就會覺得你口是心非、城府很深，沒辦法對你說真心話，彼此熱絡不起來，做不了好朋友。

有些男人在決定事情時態度比較強勢，一般人會用「大男人主義」來形容這種人，其實並沒什麼大不了的，因為就算是女人也都有「大女人主義」；不管誰比較強勢，都不太重要。如果你能夠懂得進退的藝術，就能夠很自在地面對這種事——大男人就大男人嘛！你以為大男人就不會心軟？大男人就沒良心？其實也不是這樣。

有時乍看之下你先退了一步，其實就等於是進了一步。你選擇退不是因為你弱，而是先不跟他正面起衝突。之後他態度可能會變軟，還是有機會可以讓對方改變心意，這就是你可以做自己的另一種方法。

我個人認為，生活裡有很多的例子，我經常是採用「以進為退」、「以退為進」的方式。如果只是堅持要進或堅持要退的態度，在某些重要時刻往往是沒有辦法得到效果的。所以，在人生裡重要的取捨要選擇做自己，你可以利用這些迂迴的方法來試試看。

當你此刻原本應該要進，進不了的時候就試著退個兩三步，看看會變怎樣。有時你退了之後，才會發現原來是一片海闊天空呢！也有些時候，你會發現前進的過程不斷地發現柳暗花明又一村；在美不勝收的同時也要給自己一個警覺，隨時在進退上做正確的選擇，不要被當下的美景沖昏了頭。

當你覺得人生走投無路的時候，要看看在那個時間點上，是因為進沒有路？還是因為退沒有路？特別是在跟人吵架，或是遇到人生的瓶頸時，進退的拿捏就是一門藝術，也是一種非常好的修養。

進退拿捏得宜，是做自己可以表現出來的美德。提出這個觀點的原因，是因為大家在做自己的時候常在不該堅持的時候卻有所堅持，或該堅持的原則卻又很容易放棄了，不管是堅持或放棄，最後的結果都讓自己後悔莫及，想處理的事情也得不到解決，目標也離自己愈來愈遠了。

從做自己的角度來看，做自己並不是任何時刻都在前進的，也不是當你退了就不是在做自己，這個觀念是不正確的。做自己這件事本身應該能夠進退自如，能夠明辨方向，你的心胸能夠放寬，眼界能夠深遠，身段能夠柔軟，這樣子才能夠真正的做自己。

如果不能夠以進為退或是以退為進，是沒有辦法真正做自己的。你一直堅持下去之後，最後反而會變成不是自己，因為堅持後面所造成的關係決裂，不管在情感、生活、工作上頭都會造成極為負面的影響，而那些都不是你想要的結果，也不是你自己，對不對？

何時該進、何時該退，講起來是很簡單，可是真的要做的時候，並不是這麼容易。因為叫你前進的時候，你就是不敢啊！就像作戰搶灘的時候，你也知道待在原地就是等死，但前方炮火這麼猛烈，你幾乎連腳都拔動不了，對不對？這就是你要能夠勉勵、訓練自己的地方。

有很多時候，我們在職場上可能會接受外派的任務，或是被上級冰凍起來，擔任一個比較沒有發展性的職位；這個時候，就是要用以退為進來思考了。在這個這間點沒得發揮，你可以想辦法進修，或是多點時間陪家人，或是去處理一些可以改進的事情。這樣的「退」也不見得真的那麼糟糕，你還是有機會可以東山再起。

進退的選擇，就是在生活裡面的一種轉換，你可以學著讓自己更有彈性，有更好的柔軟度去承受迎面而來的挫折；如果不能夠承受，就會把自己的人生弄得很不舒服，在死胡同裡鑽牛角尖走不出來。

隨時都要找機會學習拿捏進退的分寸，讓自己擁有更多的彈性、更多的空間，同時也製造更多的機會去發掘真正的自己。

Q：是不是沒有辦法解決的問題，都是因為自己沒有要去解決？

理論上來說，應該是這樣。除了意願之外還有一樣東西，就是你的面對能力。

就算有意願去解決問題，可是也要有足夠面對的能力，才有辦法解決問題。就算要吵架也要有面對能力，否則才一剛開始就不敢吵了，那有什麼意思？你要吵架，就要敢大聲說話，你要敢罵，也要敢看他的眼睛，敢聽他說些什麼，敢把他吵到頭殼炸掉，這也考驗著你的面對能力有強。

所以，解決問題並不是只需要「意願」就足夠了，如果不去面對的話，事情沒辦法解決。

要解決一件事情，當你決定要怎樣之後，你敢不敢做？算盤算一算，「我知道這樣OK，走！」就要馬上行動。「行動力」本身也是一種面對能力。

「意願」高過於「行動力」，因為意願是你選擇的權力，你可以決定說Yes or No；但如果你決定不解決，一切就結束了。

如果你決定要解決，下面呢？就是要去做，要有面對能力，才有辦法去執行。執行的時候，你要考量自己的能力夠不夠，這和下決定是兩回事。

「決定」不代表「做」，決定只是代表你的選擇。你常常做了選擇，卻沒有辦法去做。我不是很能幹，不是很聰明，可是我很有勇氣，計算好了就馬上去做，大概兩秒就夠了，真正的做事差別在這裡。

我做事情很快，不是說我做事情都沒在思考，而是我思考一件事大概只需要兩秒。這兩秒之間，我已經想好該怎樣做、所有的後果會怎樣，當中沒有卡來卡去的時間，決定了就去做。但是，有的人可能要花十天甚至好幾年，當你還在經歷痛苦、煎熬的時候，我所有的事情已經做好了，差別就出來了。

如果你一邊掙扎，一邊猶豫，要做不做的，好像是麻花一樣捲來捲去。我像是油條，直直的就一根，只要啪啪兩三下問題就結束了，這樣進步的速度才會快。反正都是要成長，從A點到B點走一條直線就好了，千萬不要一直掙扎、猶豫，拖泥帶水會讓你的人生不精采、不乾脆，沒有辦法成就大事。

最重要的是時間。你在那邊捲來捲去，就算有能力、有體力，時間都浪費光了。那還能成什麼大事？有什麼未來？

所以，進步成長的速度愈快愈好。學習速度愈快，對後面執行的成效愈有直接的幫助。

第七章

進步成長，
才能找到自己

做自己只能一步一步來，不是一句話：「我就是這樣！」就是做自己，不是這麼簡單就能講清楚，這麼容易就到位了。

「做自己」是一種可以改變、進步成長的狀態。你必須不斷地去摸索探討，在這過程當中，你必須持續地跟自己交談，你必須了解自己，認識自己。這也是做自己最有趣的地方。

「你怎麼不做自己啊？」

「我當然想做自己啊！」

我們講的「自己」，是生命的一種狀態，是一種感覺，它是會改變的。當你十歲，二十歲，三十歲，五十歲，八十歲，感覺都是不同的！這個狀態並不是在找一串鑰匙那般，「啊！找到了，就是這支！」或是在挑一個漂亮的皮包，當你找到一款喜歡的，就開心地說著：「沒錯！這就是我要找的款式！」也不是設計師在挑一個顏色，「嗯，綠色系當中的橄欖綠、翡翠綠、蘋果綠、薄荷綠……就挑薄荷綠好了！」

不能用這樣的方式來形容做自己。因為「自己」是生命，而不是一件東西。

生命是有很多變化的。你要找到自己，在精神上，你必須要了解生命是怎麼一回事，現在是處在什麼樣的狀態。如果你不是很清楚，其實是不可能找到自己的，你會懵懵懂懂、莫名其妙。人生不像猜字遊戲這麼簡單，但如果你能洞察，就會發現「做自己」這件事並不像登天那般困難。

生命，是一連串的探索

做自己，可以透過和自己溝通來了解。

天底下所有的事情，該怎麼選擇？你到底喜不喜歡？都是可以去探討，都是可以愈來愈好的。如果有在摸索，就算錯誤也是一種進展，至少你會知道這個方向是不對的。愈去試探，愈是研究，只要有心在推敲就一定會進步，在過程裡也會愈來愈清楚自己要的是什麼，進而去作一些調整，體驗更深一層的感覺。

這就好比球技要精進，一定會經歷蛻變的過程，中間會有一段摸索的過程。藝術家在完成一件曠世鉅作之前，也會穿越一層又一層的突破。在摸索、突破的過程中，常會有進退維谷、盲人摸象的挫折，甚至想打退堂鼓。若是過了很久都沒有找出結果，不需氣餒地說：「唉……三年啦！都沒成績……」

「我走這條路十年了，看起來好像是黑白的，怎麼都沒什麼進步呢……」

這是一個必然的過程。慢慢你就能體會孔子所說的三十而立、四十而不惑、五十而知天命、六十而耳順、七十而從心所欲不踰矩，每個階段都有不同的挑戰，過了之後才能往下一個關卡繼續邁進，又會發現一個不同境界的自己。

有時候，可能會覺得自己陷在十里霧中走不出來，或突然覺得這樣的堅持好像沒什麼意義，覺得根本不可能做到；但等到某一天又會體認到當初這樣的決定才是對的，一切努力都沒有白費。這就是一種境界上的提升。

你在探討自己的時候，不要把自己想成是石頭那樣，想著我是方形的、我是圓形的，磨一磨就可以變得比較銳利，或是像鑽石一樣切一切就可以光芒四射，閃耀動人——不是這樣。

「自己」是生命的狀態，正因為它是無形的，摸不到，也看不到，所以很難去形容。如果不了解生命，就會覺得「做自己」會讓你很挫折。

做自己不是讓自己挫折的，它是一個學習的過程，只要方向正確，有品格的努力訓練，應該會愈來愈好，經驗愈來愈豐富，也會愈來愈快樂才對；而不是愈來愈悲慘、路愈走愈窄，彷彿「做自己」是一件很心酸、很無奈的事，永遠都見不到明天一樣。

在「做自己」的過程中，方向應該是愈來愈清楚的。就像是打拳，你不會天生下來就很強，就這樣練著練著一定能到達某個水準，然後會遇到瓶頸，突破之後就會愈來愈好，然後又遇到瓶頸，得再去想辦法突破！

當然，最後若到了爐火純青的地步，也就是真正找到自己、做自己的時候，你的心裡會非常平靜，任何一個動作都收放自如，一個舉手、一個抬腳都充滿自信，有十足的把握。當你真正能夠做自己時，不管走到哪裡都能隨遇而安，不管做什麼事情都能自得其樂；你是心口合一、表裡如一的。這樣的境界，就是找到自己、做自己。

相對來說，如果你很討厭自己做的事，很痛恨現在自己這副德性，很沒有自信，你也不知道怎麼搞的，一天到晚都很猶豫，這樣也不對、那樣也不行，想要做的都做不到……，你就知道自己並不舒服，還不到真正「做自己」的境界。

至於朝什麼方向才會找到自己，每個人都不一樣，最後會達到的境界也不一樣。這個方向並不是說：「我每天都能夠準時起床，就是做自己。」

「我每天三餐都能夠控制食量，就是做自己。」

「我每個月都能督促自己達成業績標準，這就是做自己。」

不。做自己不是規定，不是教條，更不是訂一個標準，要你能夠怎樣或是不能夠怎樣。做自己憑藉的是你跟自己的溝通，純粹是一種精神上的感覺，你必須覺得舒暢，覺得你可以控制得很好，你對自己的滿意度、自信度都很好，你很自在，不管碰到什麼事情都可以妥善處理。

此外，你對自己的處世態度是很欣賞的。這並不是自負、自傲，覺得自己放的屁都是香的，這種態度跟做自己是兩碼子事。這種欣賞的理由是：你可以瞭解自己最喜歡的是什麼。當你找到自己，就可以看到自己的優點，也才能真正的去探討自己更深層的潛力，發揮自己的潛能，突破瓶頸到下一個關卡。

儘管目前你吃了很多苦，或是正在執行一件非常艱辛的事情，要冒非常大的風險，不管在做什麼事，都跟別人沒關係。你把自己想要做的事做到，把內心的想法講出來，你可以毫無保留地向大家宣布，或是努力去實踐你的夢想，毫無顧忌地往目標衝刺；而不是每天都在想著：「我想這樣，可是我不可以這樣……」給自己那麼多的理由，這些都不是「做自己」這個境界裡應該存在的東西。

當然，也不是為了做自己，就可以做到「寧可我負天下人，休教天下人負我」的地步，跟所有的人都吵架翻臉，或是變得很獨裁、很不禮貌或是很無情，這些行為都已經是走火入魔。或許，你可能會經歷自己就是很無情、很霸道的階段，那是境界的問題；每一個層次都會不一樣，你要一步一步慢慢地去發現，並不是非怎麼樣不可，或一定不能怎樣才行。

做自己的感覺必須是很舒適的，你喜歡自己的那個樣子，更重要的一點是你有在進步，不斷地發現自己的潛能，而不是發現瓶頸之後，很無奈地認為「我只能這樣了」，那就還不是真正地發現你自己。你應該有很多的創造力，有自己想要去發展的目標，對於生命，也應該有自己獨特的詮釋方法，這些將會隨著進步成長的學習經驗不斷提升。

為什麼我們會鼓勵人一定要讀書、接受教育，多去接觸外面的世界，或是多做一些事情？全都是為了提升一個更好的自己的方法，也是必經的路程，「自己」永遠都可以一直進步下去的，並不是到了某個境界就可以停下來了，這並不像你要去戲院看電影或要去銀行轉帳，到了目的地任務便結束了。

「自己」不是個地方，「找自己」是一路探索的冒險。找到這個時間點的自己之後，可以再去探討下一個階段的你；它是永無止盡的狀態，是不斷提昇自我的生命旅程。

千萬不要有一個迷思：「啊！找到了！我就是這個樣子！」然後就不動了，停止了，退休了，等死了。

如果你把這段路程想像的很痛苦，當然不會對「做自己」有這麼大的興趣。可是，如果你真的很喜歡自己，對生命非常有熱情，便會在這條路上發光發熱，去感受自己的無限潛能，然後把它發揚光大，這是生命的一種美麗境界。

從古至今，眾人都在尋找「永生」的境界，就是在生命上、精神上可以一直延續下去。人活著不是只有吃跟睡，什麼事都不必幹，只要不死就可以了，那種生存的意義很消極。我們所講的「永生」是很積極的，充滿著熱情與生命力。

當然，生老病死這些事情，是身為一個「人」就一定得去經歷的。但是，我們一定得要不斷地去尋找自己，永遠地突破自己的極限，再去突破下一個階段的極限，那種動力是生命裏泉湧不斷、源源不盡的能量，就是人們希望得到的永生。

進步成長的痛苦

人生有歡樂，也有挫折，只是我們常常會「自我感覺良好」。以我自己來說，我覺得自己身材很好，覺得自己很漂亮；我去看醫生時，醫生卻告訴我：「妳太胖了。妳的實際體重比應有體重多了三公斤，要減肥。」

我在想，台灣對於胖瘦的標準真的很奇怪，是不是醫生太瘦了，才叫我要減肥呢？

人還是不能自我感覺太良好。

我希望大家能夠進步、成長。在成長的路上，應該是充滿快樂與歡笑的，要不然，進步成長到底要幹嘛？如果進步成長讓你這麼痛苦，死還比較爽快一些。不過，真正的進步成長就算再痛苦，最後你還是笑得出來，因為一定會有收穫的。

人生的痛苦有兩種。第一種痛苦是有趣的，因為它會苦盡甘來，會漸入佳境，像倒吃甘蔗一樣，你會覺得吃這些苦很有價值。當你想到做這些事那麼苦的時候會很甘願，很歡喜，很珍惜自己終於撐過來了。

另外一種痛苦是沒有趣的，就像走進無間地獄，然後永無止盡的受苦，沒有終點，也看不到未來。當你身陷其中的時候，會覺得人生沒有希望，你不知道自己這麼辛苦到底是為了什麼。

不管你的選擇是往下沉淪或力爭上游，一樣都會遇到痛苦。你可以選擇兩邊任一條的路，到達目的地之前，都一定會經歷痛苦。只是有一種苦會變成開心，另一種不會，這是人生當中非常特別的事情。

既然你了解到這個事實，咱們又何必苦苦相逼呢？

既然要做自己，一定要面對過去不能面對的事，你要讓自己突破極限，才能夠進步。在進步的過程裡常會覺得痛苦到想逃走，乾脆找個地方躲起來不要面對。不知有多少次，你都曾經這樣想過：「我還是放棄好了，為什麼要那麼苦？」

不過，為什麼你晃一晃，最後又回來「做自己」了呢？因為不管晃到哪兒，在外頭流浪了幾年之後，發現往那邊去只是自尋死路，走到那邊沒有盡頭。

這時，你又會想：「還是不要好了，我該回去找尋人生的方向。」那又是另外一種境界。

你應該看過剛要上學的孩子，一開始時哭得死去活來，媽媽才一離開，好像要把他抓去宰了一樣。有些時候，你也會看到要一個人去結婚，跟逼他去死沒什麼兩樣，他誓死抵抗婚姻的那種感覺，好像要要踏進鬼門關。

人生要過那些關卡，真的很苦、很苦。你以為自己會死，一直喊著不要、死都不要，那不是我要的，能拖就一直拖。等到你終於發現自己要的是什麼，卻為時已晚。

我曾跟一個接受諮詢的客戶說：「兩年前叫你結婚，你不要，兩年以後還不是跟同一個人結婚？為什麼不早一點結？」

他很誠實地告訴我：「那時候我以為單身比較自由，可以全心全力投注在工作上，所以就抵死不從。但現在我才知道，如果早一點結婚，就有能力賺更多錢了。」

我輔導過這麼多人，心中有無限的感慨，真的很感慨！「做自己」的決定若錯過某個關鍵點，後面所引發的人生轉變，實在讓人不勝唏噓。你知道兩年值多少錢嗎？兩年可以發生多少事情嗎？那個時候我真的好心痛，那種感覺很難在這裡用文字跟各位解釋清楚。

有時候，你明明看到一個人有機會可以結婚，他的人生可以多麼美好！但當你叫他去結婚時，他卻跟你說：「你是叫我去死喔？」

我們當顧問的看到這樣的例子，心中真的感慨萬分。千金難買早知道，就算說破了嘴，也不過希望當事人可以早點看到結果，不要讓自己後悔。

當然，結婚以後還是會有衝突、會有磨擦，痛苦的程度跟下地獄沒什麼兩樣；仔細觀察每個結婚的人，他們的故事都很精采。可是，你看到他一副生不如死的模樣，老實說，我心裡是很開心的，因為我知道最後他們一定會苦盡甘來。

但是，在他決定結婚之前，那種誓死抵抗的態度卻讓人非常遺憾。你可以看到他選擇的那條路也是「做自己」，只不過是一直往下沉淪；但凡是結過婚、走過這條路的人，只要沒有斷手、斷腳或是瞎了眼，看到他這麼痛苦，都會覺得很好笑。

看他那麼痛苦，為什麼你會覺得很好笑？因為那是磨合期，當然每天都喊痛。好笑的原因是：「我痛苦過了，現在換你了，哈哈哈！」現在痛苦又怎樣？最後會很開心啊！就是這樣，所以才會好笑。

如果現在把你打成終生殘廢，有什麼好笑？如果打你是為了讓你把全身的毒素排掉，我看到一身的瘀青，就會覺得很好笑。

你看到我笑，心裡會想：「去你的！你怎麼那麼慘忍？」

其實不是慘忍，因為你就是一定得過這個關才行嘛！一旦過了關，不管再怎麼痛苦你都會覺得還好，因為你知道這關卡雖然恐怖，但不會死，下次就輪到你去笑別人了。

如果你知道這個人難產最後會死，那就沒什麼好笑的，根本笑不出來。可是你知道他難產，最後孩子生下來了，而且他不會死，你就會笑得出來。

這當中的差別，就是在於生命的過程裡，他是否走得過那一關？

在進步成長的過程，為什麼很多事情都很好笑？我的學員曾經很開心地講過一句話：「人生的問題，都有解！」

問題都有解，你覺得爽嗎？你可能現在覺得很痛苦，可是有解！只要有解藥，中什麼毒都沒關係吧！

「你中毒了！不是很痛苦嗎？還笑什麼？」

「嘻嘻嘻！我有解藥啊！」

痛苦嗎？給你解藥——那個過程，就是我們在討論的「進步成長」。

不管哪一個人，他講出來的東西也許一開始是很難受，也許是憤怒，最後會變成好笑、有趣，你就可以知道他有瓶頸，然後他走過了，最後才會以喜劇收場。走不過去的人，才不會覺得好笑。走的過去的人，每次一回首，講到當初哪裡受傷、哪裡失敗，不管講到什麼你都會覺得好笑。

為什麼好笑？因為你沒死啊！死了就不好笑了。

只要你能夠成長，人生所有的問題都會有解。或許你心裡有很多的疑難雜症，有很多的痛苦，有很多不想做、不能面對的問題；以這樣的觀點來說，就是你覺得自己差不多可以去死了，當然一點都不好笑。但是，如果你能了解這些問題都可以解決，就一定笑得出來。

想判斷一個人有沒有問題，可以觀察對方的表情。如果他還會笑，你就知道應該還有救，如果沒看到笑容，就知道他大概還沒找到解藥。但你得了解一件事：就算有解藥也不一定救得了他，這還得看看他要不要繼續中毒下去？差別就在這。我可以告訴你什麼東西有解，什麼東西沒解。

Q：要找到真正的自己，要花多久的時間？

這個問題就像五千公尺要花多久時間跑完，對每個人來說都不一樣，要看你個人的體能，看你有沒有興趣跑，看你的意志力夠不夠堅強。如果你夠拼命，跑很快的話一下就跑完了，好像沒什麼意思，也沒什麼大不了。但一般人就為了貪玩，明明可以跑快點的，卻故意要跑很久。

老實問你一句話：高中三年的書，如果你可以自己調整讀書時間，自己隨時選擇考試時間，你要讀多久才能讀完？每個人讀多久，是不是時間不等長？不是猛龍不過江啊！所以，不管是九年還是十二年的國民義務教育，就是故意拖，大家都一樣每天上學、下課，很無聊啊！

我有個朋友，十四歲就決定不唸書了，照一般的說法叫做中輟生。他就開始選擇自己想做的工作，學得很快，比一般唸高中的同學還要快就達到人生設定的目標，而且過程中學的東西很有用。一般人想要在「做自己」這件事上頭拼過他，我看有點難。

那麼你說，決定輟學去做自己到底值不值得？完全就看你自己怎麼想，沒有什麼好壞。有人才十幾歲就已經找到自己了，看起來好像很簡單。可是一般人就是做不到，也有些人活了一輩子還是渾渾噩噩，等到想要做自己的時候，發現已經沒體力、沒精神了。

所以，到底要多快？還是要看個人有沒有興趣，要多快完全在於個人的決定，時間沒什麼好衡量的。

就好比說，賺一千萬要花多久時間？有人會跟你說：「很快啊！一年就夠了，就開始拼了，沒那麼難吧！」但反過來說，也是有人花了三輩子還是賺不到。

那麼，到底難不難？所有的決定，都看你有沒有心、你想不想要。你對你人生的滿意度到底幾分？你可以試著打個分數看看，你自己的人生是幾分？你想要幾分才滿意？這才是重點。

這就是人生的五千公尺，當你決定了就開始起跑。如果你不喜歡成績太突出，好像跑太快會太出鋒頭、惹人厭惡一樣，故意要跑慢一點，那就沒辦法了。

假設現在為你的人生分數是十五分，你希望應該要有九十八分。九十八減十五剩八十三，還差很多，對吧？該怎麼辦？那就開始跑啊！最好是跑到五十歲能跑完。那後面的時間要幹什麼呢？你可以養老，環遊世界，做任何你想做的事。如果你要跑到七十歲才跑完，一定很辛苦吧！你要跑到那麼老嗎？如果後面還要繼續跑，你乾脆叫阿嬤一起來跑好了。

用五十歲減你現在的年齡，這是你要花的時間。所以，為什麼我總是叫大家要快一點進步？假設你只有十幾歲，還有本錢在那兒不知死活地遊蕩；如果你現在過了三十幾歲，時間剩不多了，你能衝刺的時間剩很多嗎？還不快點跑？

早一點能夠學會做自己，往後的生活才會更自在、更自由，這個境界是每個人都在追求的，也是你所能夠給予自己最好的禮物。

第八章

做自己的七步驟（一）

一：給自己定位

自己的定位，就是你必須知道此時此刻自己有什麼職位和職責，你要先有一個自己想要的樣子。

在人生的階段裡，同時會擁有很多的職位跟職責。你必須對所有的職位角色通通都要精確掌握，每天照著生活裡面的計畫執行，才能讓目標被實踐。

譬如，在三十歲的這個階段，你有一個現在想要實踐的理想——就假設是結婚好了，或許你會改變，這就不必擔心太多，因為那是後面的事情。你現在很想結婚，你覺得這是你要的，就去往這個方向努力去進步。之後會有什麼狀況，就再去修正啊！不是說目標訂下去就永遠不能改。

當我們是孩子的時候，天天都想去跳繩、踢毽子，到高中之後，每天就想打籃球，大學之後想要游泳……，因為想法變了，每個階段想要的也會不一樣。不需要去貶低自己，認為：「我怎麼不像人家這樣、不像人家那樣……」千萬不要去跟別人比，你就是把自己想要的東西很誠實的做出來！

所以，做自己的第一步就是「定位」。這是自己和自己溝通之後，會得到的一個結論。

「我現在要幹嘛？」

「我喜歡怎樣？」

如果你覺得現在要讀書，把全部的時間都拿去讀書也是一個方向。可是，人生不會只有讀書嘛！因此，還是要找其他的事情來做，把可以運用的時間排到滿，才不會老大徒傷悲，怪自己那時候不懂事，不去多學一點東西，連女朋友也沒交過，把大好的青春都白白浪費了。不管你怎麼後悔，根本來不及——時間已經過了，事情已經做了，人都長大了，對不對？

為什麼「活到老、學到老」？多看一本書、多學一個課程、多了解一件事情的價值就在這裡，學習可以改變你的方向、轉化你的觀念、增加做事情的動力。就算你很年輕也一樣要多去學習探討，不然再回首已百年身，想去做都不見得有那個本錢。

就好比你想養生，這不是一兩天就一蹴可幾的事，至少也要累積幾年的功夫。要是你平常都沒有在照顧身體，跟那些已經養生三、五年甚至是十年以上的人，效果當然沒得比。

所以，不管哪一個階段想做什麼事，從現在就要開始去做。就算你今天看到這本書，才想到自己想做某件事情，那也很好！從今天起就去執行，至少你已經把「做自己」的第一個步驟「定位」給做到了。

舉一個比較玄的例子，假設你說：「我希望自己要有更多的自信，有自信的我才是真正的我。現在這樣好像貪生怕死、鬼鬼祟祟、猶豫不決的，每天都過著像是受人指使的生活，對自己實在沒有什麼把握的感覺……」

你得先去找出這個「定位」：一個有自信的你，這才是你要的。你得很誠實的去做一個自信的自己。

每個人的定位標準都不一樣。你不需要去考量別人的條件跟標準，你覺得自己做到怎樣的結果就會很開心、很爽快，把這個目標找出來，就是你要的定位。

「我應該要好好的練習寫作。」

「我要再瘦三公斤，讓自己好看一點。」

「我這個月要多賺十萬。」

「我要讓那個漂亮女生喜歡我。」

這件事是你現在想要做的，有了目標之後，就會知道接下來應該做什麼，便要規劃如何執行去完成這個目標。

你想要健康，怎麼樣做才會更健康？你希望自己更有自信，怎麼樣做才會有自信？有了目標之後，以你自己的條件去訂出執行的方式，努力去做就有機會完成。

在執行的過程當中，你就會發現：「哇！我現在這樣子比較有信心了！」「我現在游泳游得很不錯。我已經游了四年，一次可以游三千公尺了！」一步一步來，你在這個領域上會有些心得，也朝向自己目標邁進，然後又可以定出下個階段的目標。

或許你會想：「我想要多交一些新朋友。」該怎樣去找到新的朋友？怎麼跟這些不熟的人講話？怎麼去做自我介紹？怎麼去和對方接話？如果別人拒絕，該怎麼應對？你得想辦法讓自己可以做到這些事情，而且是用你喜歡的方法。

關於做自己的「定位」，不需要別人的參與，因為這件事不是你爸媽叫你去做的，不是老師要求你做，不是你的另一半叫你做……「定位」不是別人要求的，而是你自己決定的。如果你在定位裡參雜了別人的想法，你做出來的「自己」是你爸媽要的子女、老師要的學生、別人要的老婆，對不對？這就不會是真正的你了。

沒錯，滿足別人的需求也很重要，但這是屬於另一個範圍，在此咱們先不談這件事。關於「定位」這件事，只談你自己想要的是什麼？誠實的把目標找出來，然後再把它做出來，這就是我們所講到的「找到自己」、「做自己」。

設定目標只為了一樣東西：產品。

晚上睡覺之前要做一件事，做什麼？產品驗收！今天做了什麼？進度有多少？把行程表拿出來結算，看看今天成績怎樣。

一般來說，你一個月裡面大概只有三天會認真地照進度來做，尤其是領薪水的，老闆叫你幹嘛就幹嘛，哪有什麼目標？

「嗄？目標？我們不談這個吧！我們只是上班領薪，然後過生活啊。」

「人生的目標？人的目標是……現在不要問我啊！」

「我在跟客戶周旋哪！我很忙的，哪有空管什麼人生目標？」

「電影才演一半，講什麼人生目標？電影看完再說啦！」

「電影看完？電影看完還有下一部啊……」

每天的你都在忙這些事情。你很忙，忙到有天突然有空的時候，你就說：「現在我們來談談人生目標吧。」

人家問你：「喔？你終於要來找人生的目標啦？」

「是啊！人要有夢想嘛！人活著若沒夢想，不是跟鹹魚沒什麼兩樣？」

「有了目標，然後要幹嘛呢？」

「打卡上班啊，做事啊，跟客戶『盧』啊，看今天要吵架還是要怎樣……事情還真多。唉，人生目標喔？我看下次再說吧。」

多數人腦袋想的都是這些東西，沒有把生活跟真正要做的事情結合。比方說跟人吵架，就只是為了發洩情緒而吵。以我來說，我不會跟你吵架，因為我的人生目標裡面沒有這一項。跟你吵架？簡直是浪費生命，幹嘛浪費時間吵架？

可是，不明白這一點的人就會吵得很厲害，一件小事就足以吵三天。

「我們還在冷戰，我還沒有贏呢。我告訴你，我想怎樣報復他，而且我還有更周全的計畫。」

哇！這目標很偉大，還計畫要怎樣報復，真是厲害。

「你知道他用哪一招嗎？我告訴你，明天我會出哪一招。我很厲害的，我比他還會算計，他一定輸我的。咱們走著瞧。」

你看看，現在戲演到哪裡了？你還要玩到什麼時候？我的人生是不玩這種遊戲的，所以，我的行程表裡面沒有這一項。

你應該見過那種分手之後，還是藕斷絲連、歹戲拖棚的人。你問他：「你為什麼不找下一個對象呢？」

「嗯，因為我還很懷念他。」

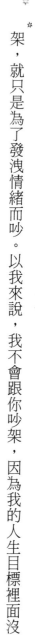

「懷念他要幹嘛？都已經分手了，幹嘛要懷念？」

「可是，我就是放不下他嘛！我很掛念著他……」

「你的人生就是用來思念他的嗎？」

「嗯……沒有啦，禮拜天去給陳顧問諮詢的時候，我就不會思念他了。可是禮拜一到禮拜五我都在想著他，回來之後我就馬上打簡訊給他。很好玩的呢！」

其實，這也是多數人的問題，只是程度上的差異罷了。人生應該要有正確的目標，要是把目標設定在錯誤的地方，就會讓自己陷入永無止境的無窮迴圈裡，逃都逃不出來。

二：確認自己的角色

剛剛咱們已經說明第一步的定位之後，接下來提到第二步，變是要進行角色確認的動作。為什麼還要再確認呢？當你定位了之後，要去確認這個定位是不違反自己、不背叛自己、不是「做自己」的敵人。

做自己有很多失敗的例子是這種情形：今天我已經決定了要這樣做，可是後來偷懶沒做到，哈哈哈大笑三聲就過了，還以為自己很豁達。

舉個例子。昨天才信誓旦旦地對自己說：「我一定要減肥！」才過了一天，體重越減越肥，肚子餓就找機會偷吃，沒有照原先的計畫去執行。像這種情況，並不是說你就一定不能偷吃，或是不照計畫做就會遭天譴之類的；畢竟最後能不能達成目標，是很科學的事情。

你可以檢視一下，你的人生目標是什麼？每一天的每個時段自己都在幹什麼？舉個簡單一點的例子來看，你每天中午有沒有準時吃中飯？

「人生目標？你怎麼問我這個？問這個實在太傷感情了！我也從不準時吃中飯的！」

嗯，所以你就是不把「吃中飯」當成一件重要的事情。你的三餐都正常吃嗎？吃的食物營養嗎？你的生活作息正常嗎？睡眠品質好嗎？如果吃不飽、睡不好，你又怎麼能要求自己達到「身體健康」的目標呢？

既然要做自己，在生活裡所有做的事情一定要跟自己的人生目標吻合。你要檢視自己的生活，為什麼現在跟你的目標有這麼大的差距？你要找到問題，每天對自己的行動逐步進行修正。修到最後，所有的動作都會跟人生的目標一致，就像衣服是量身訂做的一樣。當你想做一件事情，只要肯花功夫，這件事總有一天會完成，但重點是你真的有去做，狀況才會改變。

假設你應該每天都要練球，但你偷懶三天沒去練，而且還跑去喝酒。這件事情已經發生了，該怎麼辦？每個人在日常生活裡也常會發生這種事情。你不需要覺得自己罪孽深重，沒做到當初的承諾就完蛋了，沒辦法對自己交代，活不下去了……其實沒那麼嚴重，就是想辦法把該補的補回來。

不過，會發生這種狀況就是你背叛了自己。其實，背叛也沒有什麼大不了，連你都可以背叛自己，又何必太在意別人背叛你呢？這樣想之後，就算遭人背叛是不是也可以開心一點？你都先被自己給害死了，何必擔心敵人害你？

有許多時候，你自己就是一個最可怕的敵人。你常常違反自己的承諾，你常常做自己不想做的事情，甚至把背叛自己視為理所當然。

你不是說你不再吃嘛？你不是說你不能再胖了嘛？結果你又胖了，又繼續偷吃了，對不對？

你也常說：「這傢伙真渾蛋，下次讓我碰到，我一定把他痛罵一頓。」不過，當你碰到他的時候，還是悶不吭聲地連一個屁都不敢放，活像一隻小狗，說到頭來還是沒有照自己的意思去做。不過，那又有什麼關係呢？下次再努力就行了，對不對？

但是，如果你一直處在這樣的狀況當中，就會離真正的自己愈來愈遠，當然就找不到自己了。你要一次又一次地找出自己是不是真的有這樣的問題，如果真有問題，那要怎麼去做、怎麼去改才會比較妥當？這就是給自己再一次確認角色定位的理由。

你要再一次的告訴自己：「好，那現在的狀況不是我不知道，而是我知道了卻沒做。」你得把這個知道了卻沒做的問題，想辦法給矯正回來。

這聽起來似乎相當麻煩。如果你並不是這麼清楚的知道，不管你怎麼定位、怎麼去執行，最後就是達不到目標，狀態也永遠沒辦法提升。你一天到晚就會想：「奇怪？怎麼搞的，我這個人怎麼那麼討厭？我就是天生沒自信嗎？」你要曉得你的狀況是什麼，要曉得問題在哪裡，所以必須再去確認。

確認的方式，就是再一次問自己。假設你想要有自信，那現在該表現出自信的時候，你偏偏選擇臨陣脫逃，到底這個決定是不是能讓自己有自信？這樣的決定，是不是又一次背叛了自己？

如果你知道了，就可以改；知道了，就等於改了一半。所以你也不必傷心，但也不要讓這種背叛自己的事一直重複發生。

做了一個決定之後，還是要有決心，因為成功本來就不是那麼簡單的事情。你必須曉得，成功不會是屬於每一個人的，而是屬於那些認真的人，是屬於那些願意奮鬥、努力，拼命去做自己的人的；只有想要成功的人，才會獲得成功。

現在你曉得自己有這種情形，你也曉得身邊幾乎每個人都曾經背叛過自己、不做自己，然後就變成自己的敵人，而且常常忘記「最大敵人，其實是自己」。我們常常會聽到人們講這句話，但是並沒有在生活中真正地把毛病挑出來，然後把它解決掉。

所以，你不要把時間、精神都拿去責怪別人，真的很浪費時間。怪你的上司、怪你的下屬、怪爸爸媽媽、怪鄰居、怪朋友……怪來怪去，真是糟糕透了，所有的人都被你責怪光了。並不是說這些人都完全沒有問題，而是責怪他們對你自己並沒有幫助。

你最好要仔細想一下，你背叛了自己什麼事情？在哪些地方，你並沒有做自己？什麼角色沒有再確認過，或是確認之後忘記去執行了？

如果每天都能專心地把這些事整理過，保證生活不僅會快樂許多，而且進步成長會非常快速。不要把做不到的藉口拿出來推託，說環境太亂啦、天氣太冷啦、朋友遲到啦、上司不公平……，每天講這些理由只是浪費時間而已。你怎麼不去想自己怎麼樣背叛應該做的自己？你有什麼的職責沒有做到？什麼地方你是不能誠實面對的？

跟自己算帳總是比較好的，跟別人算帳反而沒什麼好處。若真的要找別人算帳，就去法院告對方嘛！否則就別花時間在那邊發牢騷，講一堆廢話、找人吵架或理論，簡直是浪費生命。

生命應該是要用來享受的，應該是一段非常美麗的冒險。每天你都應該找自己算帳，每天找自己碴、挑毛病來醫；能算的帳通通算到乾乾淨淨，把所有欠的、做錯的、該補的通通補回來，這樣的人生才痛快。千萬不要找別人算帳，方向搞錯了的話，這個帳永遠算不清楚。

你在跟自己算帳的時候，一定要抱著一種決心：欠的就該還。反正欠的都是自己的，你現在的孽是自己造的，所有的不滿也是自己搞出來的，得搞清楚你才是自己的債主，看缺什麼就去做什麼，欠什麼就去補什麼。

你覺得自己虧了一千萬？很好！你就想辦法賺一千萬給自己，再加上利息乾脆還雙倍算了，甚至還三倍、五倍，簡直像放高利貸一樣，這樣不是很痛快嗎？你欠自己兩次旅行，那就去十次吧！你想要有一支球隊，就去組一支球隊；你想要一個公司，就去建立一個公司；你希望有一個很好的老婆，就去娶一個啊！反正你喜歡的事情，就是得想辦法去把它做到，這是最好的辦法。

三：做自己的朋友

當你明白自己的角色，不再猶豫、晃蕩，該算的帳也算到清清楚楚了；走遍千山萬水，歷盡百轉千迴，下一步必須建立一個觀念：你是不是已經做自己的朋友了？一路繼續往前走，痛快淋漓，一定要走到盡頭、達到目標才行。

在這個世界上，你能想到的所有夢想、最棒的補償，都只有自己可以給自己。當你決心要去補、去付出，做到自己夢寐以求的事情，你就是自己最棒的朋友，不管千山萬水都陪「他」到底——不管有什麼苦頭都幫他吃，給他鼓勵、給他照顧、給他支持，陪著他達到目標為止。

這個觀念真的很美。你一路為自己打拚下去，就不會做個辜負大家期待的人，也不會一天到晚都希望別人對你很好，因為你懂得對自己好。

我們常常會聽人說：「對自己好一點」，只是那種說法聽起來似乎很可憐，好像受盡了百般折磨，也只能對自己好那麼一點點而已。你不需要去等生命中的貴人嘛！你應該要做自己的貴人；不要一天到晚想著要中樂透，自己發給自己樂透頭彩就好了。你也不要想著哪天能夠出現一個知己，應該做自己的知己！反正你要的夢想、目標，都是要靠自己才行。

我在生活裡，就是用這樣的態度來做自己，所以才跟各位分享這個方法。我變成自己的貴人，做自己的朋友，幫助自己達到目標。這麼多年探討下來，真的是痛快的不得了，這一點兒都不是天真的白日夢！

可是，為什麼有人會說：為別人的時候就願意做，為自己時就不願意？這也是一個做自己常會遇到的盲點，你要看看這些事情是不是自己心甘情願想要的。

譬如說，爸爸欠了別人一千萬，他就會去幫爸爸還這些錢，這表示他有能力賺一千萬來賠，那為什麼不能夠賺給自己一千萬？一定可以呀！所有你為別人做過的事情，都可以加倍地做給自己。

用這樣子的心態來過生活會非常健康。即便吃盡苦頭，最後仍會覺得痛快淋漓；因為這些苦是為自己吃的，就算萬里獨行也不會寂寞。

由於工作性質的關係，我常需要當獨行俠，隻身去到人生地不熟的地方。因為我學會了做自己的朋友，不管到哪裡都不覺得寂寞，我可以幫助自己，可以為自己站台，為自己去申請證件或提出特別的要求；不管情況多麼艱辛，我永遠都能勉勵自己，永遠都能跟自己溝通。

只要能做自己的朋友，你就不會倒退走，而且會很樂意、很拼命地幹到底，一輩子協助這位最忠實的朋友完成他的理想。夢想，只是時間早晚的問題，總有一天一定會達到的。

Q：怎樣才能知道做自己最後的成果對不對？

做自己最後的結果永遠不是對不對的問題，而是你的感覺好不好？這不是聯考，要別人給你打分數。會有這個問題，表示你一直在等人家打分數。

你是你人生最偉大的老師，你就是自己的評審，你有自己的標準。你應該問你自己：

「這樣做，我覺得怎麼樣？」不是老闆覺得你怎麼樣、該給你多少考績、給你多少薪水……不是，你必須很勇敢地面對自己的人生——我覺得這樣做，到底好不好。

你到底值不值得老闆付這樣的薪水給你，這個問題你自己最清楚。

你想想，自己每天去上班有什麼感覺？要是你覺得老闆根本是個呆子，「我都不會做，竟然還給我這麼多薪水，真是可笑。」

我問你，這樣的情形能維持多久？遲早會崩盤的嘛。妳今天很好命，嫁給了一個條件很好的老公，也不必得意太久，因為他馬上就會知道妳有幾斤幾兩重。如果妳不值，會發生什麼事？就會上演悲劇嘛。

所以，人生一定要趕快拚命，趕快往前進，努力做自己，別人就不會討厭你。笨不會是問題，有沒有進步才會是問題。

若有一個很傑出的人，但他長久以來都沒有進步，我們不會去羨慕他。換成是有一個很笨的人，但他每天都在進步，你就會覺得這個人很不錯。人們會喜歡怎樣的人？答案是：願意進步成長的人。只要有在進步成長，人家就會覺得有希望。

為什麼小孩子很可愛？因為他會長大。你兩歲時講話很幼稚，人們會覺得你很可愛，想要摸摸你的頭；要是到了二十歲還是這麼幼稚，怎麼會可愛？沒被打就不錯了。所以，一個人到底討不討人喜歡，完全決定在於是否能夠進步成長。

不管你現在多有能力，或是表現有多麼糟糕，都一定要進步成長。進步一定會遇到瓶頸，要面對突破極限的痛苦，就像結婚的時候都會經歷磨合期。結婚初期還有一些信用，可以吵吵鬧鬧，容忍一段時間。但是，如果你沒有進步成長，第二年就會開始出現問題，然後就有人要準備退貨，局勢開始變得很緊張，每天都提心吊膽。要是再不進步，第三年一定撐不過去。

唯有進步成長，你才能真正了解自己。你要很誠實地從各個角度跟自己溝通，而且必須學會表達，把自己真正的感覺講出來。如果講不出來，過了十年之後一定會變成生鏽的廢鐵。要是你能天天講，看起來就會比較靈活，並不是你比較聰明，而是有在練習，有練沒練的差別很大。

能了解自己，就會變得很有自信，別人就扳不倒你，就算失敗了也不會覺得難受。為什麼你的心裡常覺得很難受，或是自暴自棄、看不起自己？因為你估計的自己和實際的結果相差很遠，當然就會很難受。就算得到別人的讚美，你心裡會覺得人家在同情你；人家罵你，你也會覺得受辱。

知道自己的實力在哪個水準，然後做實力裡面的事情，就算有人罵你，也不會覺得很難受，因為你知道結果是這樣。比方說，有人罵你為什麼賺的錢比歐納西斯（希臘船王，曾是世界首富）少，你一定會覺得他是神經病，不會很難受。但是如果你假想自己是歐納西斯，那你就慘了，所有人都會覺得你是神經病。

你對自己的評估跟了解程度，影響生活極為巨大。你愈去問自己，就會愈清楚優點跟缺點。這些必須要你自己承認才算數，如果你不承認，別人跟你說也沒用，所以你必須自己找出來。

你每天問自己：我的優點有沒有增加？三個月增加了什麼？兩年前跟現在增加了多少優點？今天有沒有比昨天厲害？很現實的。這就跟練功一樣，這禮拜老師來教課，問你平常有沒有練習？比起上個禮拜進步在哪裡？一試就知道了。

每件事情都可以檢視的。至於要檢視哪些項目，你自己決定！如果你不會做這件事情，一定沒辦法賺錢。你以為賺錢就是找份工作，埋頭苦幹拚命做？大錯特錯。

很多人都會說：「我要賺很多錢！」那我就問他：「你的優點有沒有增加？缺點有沒有減少？」

「嗯，沒什麼改變。」

「沒有啊？那一定不會賺。」

很簡單。如果你只是在那邊做苦力，那就像齒輪一直在耗損，最後就會被換掉。如果你現在的工作模式是這樣的話，最後就完蛋了，你只是撐著在等退休，跟進棺材等死沒啥兩樣。但是，如果你有在進步成長，就算老樹都還可以再發新枝，就會為你的人生灌注活力。

第九章

做自己的七步驟(二)

四：誠實

假設你在一個團體，這個團體可以小到只有三個人，或是大到像工作團隊或是整個國家。如果你有任何不滿或是做了不該做的事，甚至可以反過來說，你見到別人做了不該做的事，只要在這個團體裡不能誠實，沒有把自己隱瞞的事情去跟團體成員坦白溝通，你就會覺得跟這個團體不親密，漸漸地就會想從中抽離出去。

為什麼會一直想抽離？因為你一見到這些人就覺得很難受，你心裡有話卻沒辦法講，就是不能做自己。這個抽離的動作，就是代表有所隱瞞。

你想想，老婆哪天忽然不太想跟你這麼親密，難道沒有隱瞞嗎？一個上班愛來不來的員工，難道沒有發生任何的狀況？如果一個人想抽離，一定是發生問題了。

「不好意思，我有電話，我看一下是誰。喔，我老婆！不必理她。」

「你怎麼不接？」

「沒關係，那不重要。」

你一看就知道有問題，是吧？為什麼會這麼不親密？他想從老婆那裡抽離，一定是發生了什麼問題。

如果你問心無愧，就不會偷偷摸摸的，不會有話不說，這就是掛羊頭賣狗肉。掛羊頭賣狗肉的人生不可能有什麼夢想，因為你的夢想絕對不是抽離環境、抽離跟身邊的人之間的關係。

「誠實」這兩個字，是做自己最難貫徹到底的關鍵。想要誠實做自己，不管在待人處世、應對進退上都要無所畏懼，而且還要保持與他人之間良好的人際關係，非常非常地不容易，也是人生最大的考驗。

誠實，簡單來說，就是做到「有錯必改」；更進一步來說，你必須讓自己能做到「按部就班」，踏實地走在正軌上，而且是百分之百的真誠。

這件事情，許多人認為是例行公事、每天都過著一樣的行程。表面上來說，的確是這樣沒錯！你給自己訂了一個目標，不能三天打漁、兩天曬網嘛！要把一件事情做到成功，就是要數十年如一日都同樣認真地貫徹始終。如果不這樣做的話，不是很奇怪嗎？你今天做了自己，明天又不想做自己了，那到底是不是要做呢？

很多人口口聲聲地說：「我要做自己！」可是，他大部分的時間都沒有在做自己。那你嘴上說著要做自己，好不容易找到目標，卻又沒朝這個方向走，那不是等於對自己不誠實嗎？所以，「做自己」這件事必須每天都要做，而且要非常認真地做。

有些人聽了可能會有反感，心想：「唉呦！怎麼這麼討厭啊？煩不煩！」「怎麼這麼嘮叨啊？幹嘛對自己這麼嚴苛呢？沒事何必要給自己找麻煩啊？」「何必這麼有壓力呢？」「偶爾歪一下，是會死嗎？」

對自己的誠實，不只是每天都要很認真，而是每分、每秒都要做到。你不是希望可以達到目標嗎？既然是要朝這個方向前進的話，就要永遠督促自己不斷地努力下去，每一分、每一秒都得認真打拼。這也是一般人之所以會遭遇失敗的一個迷思——不是笨，不是運氣不好，而是不誠實。

你可以問一個減肥效果不彰的人：「你不是正在減重嗎？」

他說：「我是在減肥，可是還是會胖。」

你問他：「那麼，你昨天吃什麼？今天吃什麼？最近這一個禮拜你在幹嘛？」你就會發現，他其實並沒有那麼認真，即使有計畫，也不是真的徹底執行。如果真的執行了，而且每天都非常努力，應該不會說：「我現在還是一樣……」一定會不一樣的嘛！怎麼可能努力了這麼久還會一樣？

假設有人跟你說：「哎呀，我學了這麼久都不會！」你一聽就可以知道，這位仁兄應該是沒有每天做，就算做了也沒有很認真，不然怎麼會有學了還一直退步的？如果這是你想要的，每天都很認真去學，應該會一直進步才對啊！

所以，做自己必須每天都很努力地去做你想做的、說你要說的，心口合一的一直做，這就是誠實。

減肥失敗的人常會說：「我連喝水都會胖。」這一聽就知道是有問題的，他一定有一些事情並不是很認真在做。所謂事出必有因，不該怪東怪西地說這個不好、那個不好。

「我都對他很好啊！可是後來感情就冷淡了……」

「我們經營不下去，相處都變得很悶，彼此都沒有感覺了……」簡直是睜眼說瞎話，這些都是藉口。如果你有找到真正的原因，也想要解決問題，而且每天都很努力，怎麼會愈做愈糟糕呢？就像每天都認真工作，後來卻被老闆開除了；或是每天都很細心地在種花，後來花全都死光了，這真的很奇怪，對吧？除了天災人禍之外，其實這是不應該發生的事情。

你應該每天很認真地做自己，就會有正常的收穫——你的體重應該會正常，你的身體應該會很健康，你會有一個幸福的家庭，有一個很好的事業之類的。如果不是這樣，表示你一定有某個地方不夠誠實，不是每天、每小時、每分、每秒都一直在做自己，三不五時還是背叛了自己。這樣的背叛究竟要付出多少代價？只有天曉得。

但是，你說：「這樣子很辛苦、很難受，非常痛苦！」你應該換個角度想，好比你希望身體健康，每天都很正常地飲食，吃新鮮的水果、有營養的飯菜，怎麼會覺得很難受呢？你希望自己變好，應該很喜歡才對啊！總不能說今天故意吸個毒，吃一些沒營養、過期的食物，想要健康不應該是這樣啊，對不對？

做自己應該是很正常、很規律的動作，每天都要做到，這就是誠實；而不是你想做的時候才做，沒想到的時候就隨便亂來，正常沒幾天又發生狀況，做自己不應該是這樣嘛。

這裡要強調的是：不要一說到每天都要很誠實地面對自己，你就覺得很難受；若是你維持了三天的誠實，一天出去偷東西，這樣要幹嘛？

愛情也一樣。你希望跟另一半感情很好，每天都愛得死去活來，偶爾又出去劈腿一下，回到家又表現得很相愛，出去之後又再劈腿，這樣怎麼能叫做自己？怎麼會找到自己？怎麼會走到你的目標，找到你的幸福呢？不出問題才有鬼呢。

每天持續執行自己要做的事，不讓自己出軌，就是一種鍛鍊，一種修行。練習到某種程度之後，你就會怡然自得，對不對？

當然，很多時候我們常會做一些出軌的事情，比方說亂吃東西、熬夜，或是感情上、工作上的出軌。但是到了一個程度之後，當你了解自己想要回到正軌上，你希望自己很健康，就不會想去亂吃，即使美食當前也會克制自己。

不過，真正的「做自己」到了最後也不必刻意克制，這種事情會變得很自然，因為你根本不會有想偷吃的念頭啊！就像不抽菸的人，人家拿根菸給你，對你來說，那根菸根本沒什麼價值，對不對？客戶找你喝酒，你對喝酒沒有興趣，那怎麼會覺得想要喝呢？

這個是一個觀念上的問題。你必須要有讓自己走上正軌的心態，你要相信自己不會去做一些不正常的事情。這並不是那麼困難的，因為走在正軌時，你很喜歡自己這樣的時候，很自然地不會去做那些胡搞瞎搞的事。不抽菸的人永遠不會去抽菸，放在那邊免費的也不會去動，就算人家拜託你也不會去抽，這是一種無慾無求的境界。

如果你能做到誠實，有人問你：「喂，今天要不要作弊一下？」你就會覺得這樣很奇怪，為什麼要不誠實，是不是？能夠做到這樣的程度時，就保證自己維持在正軌上，才有機會找到真正的自己。真正的自己不會想要走那些旁門左道，那些出軌的事並不是你真正想要的。

實實在在地做自己，就是要每天都要去執行自己定下來的目標，去扛我們應該要負的責任，仔細清算自己應該付的帳，而且要一直做下去。這是「誠實」的重點：持續，一定要讓自己保持在正軌上。

五：面對問題

就算走在正軌上，還是會遇到接踵而來的問題，你得要去面對它、解決它，不可以逃避或是放著不管。面對問題，也是生活當中非常重要的能力。

其實，絕大多數的人們並不是不知道要去面對問題。這裡特別提出來，就是要告訴你得要再去探討這件事，因為人生貴在了解，當你真的知道問題是怎麼一回事的時候，就不會一直想要去逃避。

人只要活著，就一定會有問題發生。做自己不是每天都要誠實嗎？要是你放著問題不管，最後不是完蛋了嗎？不是又背叛了自己嗎？有問題不去解決，最後又沒了自信，是不是？

碰到問題一定要儘快解決，只要你有心，不管再大的問題與麻煩都有辦法處理。可是，絕對不能放著不管。

很多時候，我們很容易就放棄了。比方說，你心裡希望和一個人和好如初，但對方並沒有表態，於是你心裡想著：「今天他不跟我講話，好吧！我就不理他了。」

不行，你還是要跟對方講清楚。今天講不清楚，明天還要講，沒結束的話，後天還要再繼續講。一般人常發生的狀況並不是問題沒解決，而是常常中途就放棄，沒有去面對到底。

當然，並不是說人家今天不跟你講話，你就硬拉著對方不准他去睡覺，秉燭夜談講到天亮，不是非得這麼極端才行。但是，你必須要有解決問題的態度，你心裡要盤算，要去執行，要一直檢討，想盡辦法解決，而不是說抱著得過且過的阿Q精神，或是找個洞躲起來的鴕鳥心態，反正眼不見為淨，就當作沒這回事一樣。

這種逃避的態度，就是一直找不到自己的真正原因。你不能面對另一半，所以婚姻出了問題；不能經營，所以愛情有了問題；你不負責任，所以工作一換再換；忽略健康，所以最後得了癌症；蛀牙不去補，最後就變成要拔牙。會發生這樣的情況，就是因為當初你把問題放在一邊不去解決，讓這個洞變得愈來愈大，幾乎人生所有問題都是這樣發生的。

為什麼爸爸和小孩不講話？為什麼媽媽會一直發牢騷？為什麼你跟太太愈來愈沒有感覺？為什麼你跟老闆總是不對盤？種種的問題，在一開始有一點點狀況的時候，如果可以早一點彌補，就算是出了點問題也不至於全盤皆輸；就像生意經營不善時，只要即時修正方向，就算賠錢也不至於傾家蕩產。

但是，若你真的都不去管它，到最後老婆決定跟你離婚，小孩要離家出走，朋友要跟你斷絕往來，老闆也把你開除了，銀行宣布沒收你的財產……就是因為你拖了太久都不去面對，問題當然就惡化到無法收拾的地步啦！

你要了解，當自己選擇不去面對，事情惡化的程度不是慢慢累積，而是以倍數、N次方的速度在成長，只要拖愈久，就會增加許多不必要的付出和賠償，而且牽連到的範圍會不斷擴大，勞民傷財的程度將讓你無法承受；你甚至很難想像這些問題會有多麼嚴重的影響。

譬如說，你有了蛀牙。本來只是補個牙就可以了，你卻拖了很久才去看牙醫，就必須施予根管治療，嚴重一點的甚至還有牙周病，整個牙床都爛掉了，連東西都沒辦法咬，得花很長的時間治療，還不一定能治好。

修房子也是一樣，如果一開始發現水管漏水了，趕快請水電師傅修一下就好了。如果你一直拖，弄到整間房子都得了壁癌，家具受潮發了霉，牽連的問題就會變成很嚴重。

在感情上，本來只是一些溝通上的磨擦，只要把話說清楚就沒事了。可是你不去面對，最後就弄到財產沒了、房契出了問題，夫妻又要鬧離婚，小孩子不能一起住……很多很多的問題會一直延伸出來，讓你的命運從此改變，問題大到讓你想殺人。

為什麼會變成這樣？因為一開始有有警訊的時候，你不去面對它。不對的事情、不該做的事情還是一直去做，後果當然不堪設想；你所要補的那些債，光是利息都付不完。

俗話說：今日事，今日畢。現在的問題立刻解決，就不會把問題留到明天，明天有明天的事情要做，如果都沒有問題，還可以讓自己進步成長，有更多的能力去應付未來的問題。要是把未來的時間一直都用在解決過去的問題，非常不聰明。如果未來只是為了要還昨天欠的債，人生又有什麼意思呢？誰喜歡過著一直在彌補的人生呢？這一定不是你喜歡的自己。

未來，應該是豐收的時機。以前種的因，未來得的果，能夠豐收的人生才是正軌；而不是把未來都用在彌補過去的錯誤，一直去做修復的動作。

其實，這些事情你一定知道的，但是我要提醒你，千萬不要以為逃避沒什麼大不了。很多事情的結果都不是你想要的，可是，卻出乎意料地變的這麼慘，就是因為有問題的時候不去面對、放著不管。那種拖的心態，一天一天慢慢累積，最後就會出現一隻大恐龍，完全不是你所能夠面對的結果。

某些時候，某些有心人會利用你不願意面對的心態來整你、威脅你、賺你的錢，你能怪別人嗎？這些事情，全都是你自己招惹來的。

如果一間房子累積了十年的灰塵沒有打掃，等到你真的要去整理的時候，灰塵已經厚到可以種花了，牆壁都腐蝕掉了，那棟房子根本不能住人，唯一的選擇就是搬家，只能就這樣放棄了。因為你已經來不及彌補，也沒有足夠的時間與體力去修復。若是勉強忍耐，生活品質就是不會好，你的心情一定很糟糕！我們常看到有人無奈地忍受不好的生活品質，就是因為不肯面對。

如果你聽到一個人說：「唉！我跟我老婆已經沒感覺了，我們的感情已經不如當年了。」

真正的原因並不是他們不相愛，而是因為有太多問題放著不管，那些事情如果在平常通通都有面對並解決掉，就不會失去感覺。當一個人到了麻木不仁的地步時，是冰凍三尺，非一日之寒之事。像這種事情，你務必要了解箇中原因。

六：拼命生產

所謂的拼命生產不只是工作賺錢而已，還包括不斷地創造、學習，努力進步成長，不要浪費青春。在尋找自己、做自己的過程裡，一定要不斷地去生產。

一般人都會覺得說：「這樣要幹嘛呀？沒事把自己搞那麼辛苦，做到死是不是？」不是這樣！你有那麼多的時間、有那麼多的青春，一定要不斷的生產，才會有源源不斷的生命力，才可以領悟更多東西，進入到另一個境界，發現更棒、更美麗的自己。

在生產的過程中，很快便會累積經驗，體力、精神也會愈來愈好。不做事的人，就很容易會變得蒼老、退化，也會變得很憔悴。經常在生產的人，就像是滾石不生苔，愈磨愈亮、愈閃耀，也愈有智慧。

做，不是勞力，不是勞累，不像一般人所想像的那麼痛苦。會覺得痛苦，是因為沒有在做自己才會覺得難受。若朝著自己設定的方向去生產，一定是非常有幹勁的。

人生有很多的經驗，需要在生產過程中經過歷練，等你體悟之後，就可以再繼續走到下一個階段。如果你沒有一直持續生產，沒有一直在創造，就會變遲鈍、老化、笨拙，停留在同個階段甚至退步，慢慢地變得沒有精神，沒有體力，生活沒有樂趣，人也漸漸變成行屍走肉一般。

為什麼人會沒精神、沒體力？因為沒有足夠的訓練，也沒有足夠的補充與休息，還有一個重點就是進步成長的程度不夠，為什麼？因為你沒進步，就會覺得日子無趣，沒有生命力，也會覺得對自己失望，感覺未來沒有那麼多的希望。這些問題，基本上出自於「沒有生產」。

如果昨天的你不夠努力，同樣地，你對未來也不會有那麼明確的方向和目標。例如當你年輕的時候沒有持續在運動，也沒有保持旅行的習慣，等到老了之後才想要運動、想去旅行，因為過去並沒有那樣的基礎與經驗，很難將這些理想傳承到未來，這是一連串的因果關係。所以，年輕的時候就應該不斷地生產創造，讓自己處於充滿活力的生活模式。

好比說，一直保持打籃球習慣的人，老了還是可以繼續打，就算體能上有些限制，但基本功還是可以保持不錯的水準。如果從來都沒有學過打球，等到年紀大了才要開始學，那些技巧、默契是出不來的，也很難培養出興趣。

不斷的生產與創造，是生命源源不斷的爆發力，給自己無限開發的潛能，就像一口永遠不會枯竭的油井一樣。在物質宇宙的世界裡，所有的資源都會有用盡的時候，可是在精神領域是沒有這個限制的。只要你能夠不斷地做、不斷創造，就會比較有精神、有活力。

你應該見過一些年紀大的人，還是很有精神、很有體力，為什麼？因為他一直有事情在做，從年輕做到老，各方面的狀況都會比較好。但是，有一些人就不太喜歡做、不太喜歡動，相對地就沒體力，氣色不佳，脾氣不好，身體機能老化的很快，看起來也很憔悴。除了遭逢失敗、有很多不能面對的事、很多不理智的抉擇之外，可以確定的是，他並沒有在進步成長，所以看起來就是奄奄一息。

不要以為一直做事好像很可憐。可以忙碌，就是非常珍貴的幸福。俗話說「能者多勞」，這句成語也可以倒過來解釋：勞者多能。事情做多了，自然就會有更多的能力；有了能力之後，就有更豐沛的生命力，人看起來也就更年輕，生活也會有更多的意義和價值。

能做多少就盡量去生產，但並不是過勞。譬如說，有些人可以為了工作每天熬夜不睡覺，或是常常忙到忘記吃飯，這種態度並不是我們提到的「盡量生產」，千萬不要搞錯。

生產和創造一定是有建設性的。如果把精神花在喝酒或是抽菸上面，抽愈多種牌子的菸、熬夜時間變長、酒量愈來愈好，或是劈腿次數變多等等，這些負面的成績並不算是生產，因為對人生沒什麼好處。

生產跟創造是有意義的事情，比方說，服務另一半或是伺奉公婆，跟父母親關係更好，老吾老以及人之老，幼吾幼以及人之幼，想辦法讓自己賺更多錢，服務更多的客戶等等。人生有很多正面的活動，那些活動可以給予正向的能量，讓自己的生活充滿精采與快樂。這才是我們所說的生產！

七：重覆成功動作

當你決定要做一件事，如果夠認真，單位應該要以年來計算。聽起來很可怕，是不是？其實不會。

別人問：「你結婚幾年？」

「你在這裡上班幾年了？」

你回答二十年，自己講了也很光榮，對吧。為什麼別人要問你這個問題？現在知道了吧！這代表了你能堅持多久的能力，也是一種生活的成績。

「你做這份工作做多久？」

「我每項工作都做兩個月。」

講出來只會被人笑嘛。你決定要做一件事情，如果沒持續地做，沒有堅持下去，就不會有什麼成績。

要是有一個人說：「我學鋼琴學兩個月，太極拳也學兩個月，笛子也學兩個月，薩克斯風也是兩個月……」

那麼，你對這個人一定會這樣想：「我不要跟你做朋友了！」因為他跟你交朋友，也是只有兩個月。所以，你得看看自己有什麼事情是值得你可以自豪的，因為你做這件事這麼久，所以你很有收穫，很有心得。

你學游泳學了兩個月，大概不會厲害到哪裡去。若你說你持續學游泳六年，至少泳技不會太糟糕。你跳舞跳了六年，沒練過的一定比不過你，站上舞台就是沒你好看。不是說你有多厲害或多聰明，那是因為你練過，自然會比別人強。

如果做一件事不能堅持下去，你應該仔細去思考，在這些你想做自己的事情裡，有多少次你想放棄？放棄的理由是什麼？

如果沒找到原因，不把問題解決掉，你很難做到真正的自己；如果走不過這一段，你也沒有辦法知道做自己的樂趣在哪裡。你的人生就是一直重複失敗，處在黑暗之中，不管做什麼事都沒有結果，永遠都是心碎收場。所以，你要讓自己趕快進步，要能夠自律，把人生搞好。

做自己是一輩子的事。找到了自己、達到了自己的目標並不代表結束了，你還有下一個階段要走，你得找到更好的自己，突破自己的極限。

當你一直找、一直做的過程中，會覺得：「嗯，這樣做我覺得很棒！」有很多的你覺得很有用、很有效的方式，要把它歸納出來，在生活當中不斷地去執行這些成功動作，把它發揚光大。

這些成功動作當中有什麼疏忽，要趕快去把它修護起來。比方說：

「唉，今天跟老闆講話的時候似乎不太誠實，要趕快去把話補回來。」

「這個角色該做的事好像沒有設定的很明確，要再修改一次。」

「那個帳好像又算到別人頭上去了，趕快算算自己有什麼帳吧。」

你的成功動作，就是不斷地重複執行；疏忽的事情，就是趕快進行修護。只要這樣一直做下去，就會更成功地做自己，那些成功動作會讓你發現新大陸，進而開創出新模式，你又會發掘生活裡有更多的方式可以提高效率。

這就像工廠研發到了一個程度之後，就會設計出更好的機器，經營到了一個規模，就會知道該把流程改善，產品的品質或生產的速度會更好。這就是一種進化，雖然一樣是二十四小時，但人能做的事情不一樣。因為你不斷進步，經驗不斷累積，你的智慧、生產力、方向與目標都一直在改變，這些能力在生活中是不得了的價值。可是，這個成績是怎麼來的？就是因為你在不斷生產、創造當中體會出來的。

以上「如何做自己」的七個步驟，只要能夠貫徹，生命的境界將會不斷提升，柳暗花明又一春，也會帶給自己更多的驚豔。你會很開心找到美好的自己，然後往下一步邁進，找到更優越的自己，再去做一個煥然一新的自己。在這個過程中，你必須不斷挑戰自己的極限，發現更多的創造力和生命力，也一直在跟自己溝通，做自己的好朋友與知音。

找到最珍愛、最喜歡、最感動的自己之後，這一生就沒有白活。此時此刻，你可以拍拍自己的肩膀，因為你終於對自己有個交代。

第十章

如何在愛情、家庭裡做自己？

做自己這件事情，在愛情、家庭當中是會有衝突的，這些衝突來自於涉及到其他人有不同的觀念與想法。

以愛情的領域來說，愛情是兩個人才會發生的事情。你希望去做那自己想做的事，另一半就有可能會出現不能平衡的地方——他要做他自己，你要做你自己，兩個人會有不一樣的時候。遇到衝突的時候，就得要和另一半互動配合，你退一步，我也退一步，看看現在到底該怎麼辦？聽誰的？這就是要去協調的地方。

在家庭裡，除了另一半之外，上面還有父母，下面可能也有小孩。父母可能會希望你可以做什麼、阻止你做什麼，都會和你想「做自己」起衝突。小孩子需要教育，因為時間、經濟、工作、生活瑣事、陪他們長大種種的原因，在家庭生活裡你會覺得很難盡情地做自己，沒有辦法找到好的平衡點。

「平常工作累到趴，想休息一下都不行，還得帶孩子……」這個時候該怎麼做自己？你覺得做自己好像很自私，不做自己好像又很難受。

每一個人都希望在家庭生活裡能夠做自己，有屬於自己的空間。假設你的興趣在於畫畫，既然你要畫畫，就沒有時間陪小孩與另一半。或者你認為老婆是很大的羈絆，覺得跟她相處很麻煩，希望跟她在一起的時間只保留百分之二十，偏偏老婆希望在一起的時間是百分之八十，那麼，當中的差距就會造成嚴重衝突，難以平衡協調。

在家庭上來說，很多人不想要花那麼多時間顧小孩，或是孩子生一生就算了，不願意負起教養下一代的責任；以經濟的角度考量，孩子吃便宜的奶粉就好，不需要吃那麼好的東西，我賺的錢要拿去買我想要的東西，不願意多花一點錢在孩子身上。若換成對待父母的角度，就會認為幹嘛要拿紅包給父母？覺得父母很討厭，一天到晚只想著跟你討錢。

在兩人的愛情世界裡，在家庭中這些錯縱複雜的關係，要如何才能夠讓「做自己」這件事得到平衡？這個問題幾乎每一個人都會遇到，遇到這些衝突，到底該怎麼解決才好？這些問題非常地有趣——當然啦，講的人是很有趣，聽的人卻一點都不好玩，因為你會覺得這些事情讓你難受的要命。

「自私」不是「做自己」

會讓你這麼難受，這當中有一個很重要的前提，就是你沒有把家庭和愛情當成是你的全部，而是把它當成「別人」的一部份。愛情跟家庭，都是人生的一部份。可是，你應該把這些事情都包含在「做自己」裡面。

你想要的感情狀態是什麼？

你的夢想要如何實現？

你的人生到底最後要什麼？

這些事情都必須要去支配，需要精確的規畫。你不可以任性地說：「我就是要做這件事！」如果你認為這樣就是「做自己」，你就會跟你的情人說：「我每個禮拜只想跟你在一起一天！」之後成家了，你就會跟另一半說：「我只願意每個禮拜天跟你吃飯，小孩子我最多就陪一天，只有禮拜天我才會帶他們出去玩，其他時間我要做自己的事。」

很明顯，會這樣說話的人，對「做自己」這三個字有著嚴重的誤解。

關於這些事情的協調，通通是人生規畫要考量的。你希望要過怎樣的生活？當牽涉到別人的世界時，就得要去跟他們溝通協調。

你每個禮拜只願意陪小孩子一天，他們會不會滿足？

你只願意在禮拜天跟老婆一起吃飯，她快不快樂？

如果你不去協調這個事情，不願意在生活裡面跟其他人找到平衡點，你的人生將會不斷地出現問題——有可能會離婚，或是跟孩子的感情不好，甚至搞到眾叛親離的地步。

因為你堅持這樣是「做自己」，卻沒有讓其他人了解你為什麼要這樣做，父母會一直抱怨你，覺得你不孝；你的孩子會認為：「爸爸不愛我，我做錯了什麼？為什麼爸爸都不理我呢？」

等到他們長大之後，你會發現孩子跟你不親，甚至形同陌路，這就是你要付出的代價。你希望他們跟你有多親近，相對的，你也要付出那麼多才行。你不能夠要求馬兒好，又要馬兒不吃草，天底下沒有白吃的午餐。所以，你必須得先把心態平衡過來。

你必須要了解：若你很希望孩子跟你很親近，可是你卻從來沒有跟他好過，現在孩子長大了，你卻回過頭來說：「這孩子什麼都不跟我商量，也都不常回家，回到家裡也不叫人，到底我在他心中有多少份量？」

那是因為你給他的教育就是這樣啊！在你的人生裡面，你並沒有把孩子當成很重要的部份，你沒有找到你們之間的平衡點！孩子為什麼不想跟你說話？這個問題，你得要問問你自己才行——孩子可以天南地北地跟你聊天，可以跟你很親近……這樣的關係是不是你想要的？

好，假設你認為這是你要的，該怎麼樣做才能讓這件事情發生呢？相對的，你必須要有所付出，而且是不斷努力持續的做。

如果不願意去做這些事情，就是不誠實。你要求小孩子每次出門都要跟你報告，回到家之後要跟你多講話，你希望可以跟孩子毫無障礙地溝通，但是你自己卻又不想跟小孩子在一起，不想多花時間去了解他，孩子要跟你說話時你就擺臉色，你卻又要求孩子能夠跟你好好溝通，這種想法簡直是癡人說夢，緣木求魚。

不過，有很多父母親就是抱著這樣的心態。這些父母心裡會想：「這小子根本沒把我放眼裡，非常不尊重我們這些當父母的人！」「奇怪，小孩怎麼都不跟我說話？怎麼什麼事情都不報告？」

你要他報告，你也得要讓他學會怎麼報告，當孩子在向你報告的時候，你要跟他溝通，對不對？要是他興高采烈地跟你分享他的喜悅，你卻不理他，不跟他有所交流，怎麼可能讓孩子跟你找到平衡點？

所以，你不願意帶小孩、不願意陪他、不願意跟他講話、不習慣跟他溝通……現在他長大了，你希望他能夠跟你溝通，希望他可以常常回家，希望享有天倫之樂，有可能會發生嗎？

你在輔導孩子成長的過程裡，有沒有很誠實地問過自己：「這樣的天倫之樂，是我希望的嗎？」如果你希望跟孩子很親，就會對孩子有足夠的教導與互動，將來才有機會享有天倫之樂，這些都是密切相關的。

換言之，「自私」跟「做自己」是兩碼子的事，不該混為一談。如果你不誠實，也不要給那麼多的理由，辯解自己為什麼做不到。

很多跟孩子不夠親的父母，都會找藉口說：「我當初打拼事業很忙，我每天都要出外做生意，而且上面還有父母，下面又有妻小，公司要養那麼多員工……」誰想聽你講那麼多啊，對不對？如果你犯罪就是犯罪，法官會聽你講那麼多的理由嗎？現在孩子跟你不親是事實，不需要一直去強辯，不要給自己找那麼多的理由。

你應該把家庭和愛情跟「你自己」完全融合在一起。你要曉得怎樣把自己的人生跟這些事情有完美的結合。如果做不到，你應該說：「我不願意付出。」沒有關係！

「我選擇做自己，所以我不結婚。」可以！

你要畫畫、你要去流浪、要去考試、要去讀書、要去創業等等，通通都可以，沒有任何事情可以妨礙你做自己。既然你要選擇這種方式「做自己」，結果會是什麼？你必須要先了解才行，而不該只是任性地說：「我就是要去做這個。」但又不願意去承受你所選擇的結果。

不管選擇是什麼，都要樂於接受那樣的結果，而不是遇到那些結果時，心裡又忿忿不平，恨上蒼對你不公平，講什麼：「我當初拼命賺錢還不都是為小孩？現在小孩把錢都拿光，然後就不理我了，這樣還有天理嗎？」

「為了生你懷胎十月受苦受難，今天你竟然這麼不尊重我，你還當我是你媽媽？」你應該先想想，為什麼孩子今天會這樣對待你？為什麼你跟他的互動會變成這樣？

有些老公外遇的妻子會說：「我給他洗衣服洗了二十年，幫他們家生了四個小孩，還把孩子辛苦拉拔到大……沒想到他最後還是外遇，他竟然不要我！」

妳有沒有想到，當妳在跟他在一起的時候，妳有沒有把對方完全放在妳自己的空間裡？如果妳想的只是洗衣服、帶孩子之類的事情，妳有沒有想過，妳先生娶妳這個老婆不是只要洗衣服、帶孩子的？妳有沒有認真去跟他談情說愛？不管妳有什麼理由，最後的結果就是妳老公有了外遇，妳的婚姻是失敗的。

妳不能講說：「我一直洗衣、煮飯、打掃，為了維持這個家盡心盡力，就是做我自己啊！二十年後先生有了外遇，這要我怎麼平衡？」

「我就沒有辦法做自己呀！因為當我做自己的時候，愛情就離我而去，家庭生活也讓我沒辦法做自己！我在這裡頭只是不停地犧牲而已……」

這些都是藉口，聽得出來吧？

不必怨天尤人。會發生這樣的情形，正是因為當初沒有誠實地面對自己。你要曉得當初是你自己做出這樣的選擇，所以今天才會變成如此。你該想辦法把家庭、愛情放入你的生命當中，而且你必須很誠實的問自己要的是怎麼樣的結果。

要怎麼收穫，先那麼栽

如果幸福是你要的，天倫之樂是你要的，敞開心胸、毫無保留地溝通也是你要的；你有沒有為這些結果去努力耕耘？你有沒有抱著種瓜得瓜、種豆得豆的態度，只問耕耘、不問收穫地努力去做？做到最後，不管你付出了多少，都會因為你選擇做自己而心甘情願、甘之如飴，而不是一直在那邊抱怨。

其實，如果你聽到一個人總是有很多的理由、很多的抱怨，就可以知道他在這件事情上並沒有盡心盡力，遇到問題也沒有進步成長，所以才會一直抱怨。

一個在進步成長的人，抱怨不會這麼多。因為他會看到自己的問題，他不會抱怨是別人的錯。一個整天在抱怨別人、嫌東嫌西、怨天尤人的傢伙，我可以明白地告訴你，這種人的情況其實非常簡單：他沒有進步成長，也沒有在做自己，他所有的抱怨都只是在胡鬧。

如果你自己就是這種人，就要趕快想辦法讓自己進步成長。否則的話，你一輩子就只會一直抱怨是別人的錯、上天對你不公平，但沒有人欠你嘛！你一直抱怨，最後難受的也是自己，反正不會有人賠你——你抱怨愈多，賠得愈慘，身邊的人只會更討厭你，把你當成牛鬼蛇神躲得遠遠的。

你要曉得，會發生這樣的結果，完全是你自己主導的。不管情況有多麼糟糕，這都是你應該要面對的事情。

至於為什麼會變成這樣呢？因為你在決定、處理的時候就沒有做好，就像你播的種子不對、灌溉的方式不對、經營的方式不對，後面的結果當然是一塌糊塗的。至於該怎麼澆、怎麼種、怎樣去經營，這就是進步成長的過程裡要學習的內容。不進步成長的人，成功機率就是零。

你為什麼會抱怨？因為你並沒有很認真付出，又有什麼好抱怨呢？你沒有努力讀書，考試成績不及格，為什麼要哭呢？為什麼要說家裡爸媽吵架？說什麼燈太暗，什麼參考書忘記帶、沒空寫作業、弟弟妹妹讓你分心……你講那麼多的理由幹嘛？反正結果就是成績不及格嘛！不管理由是什麼，不及格的分數是你必須要承受的。

你要做自己，要曉得怎麼去平衡這些事情。如果你沒辦法平衡，就會變成一個很會抱怨、沒辦法進步成長的人。那些囉哩叭唆，整天碎碎唸、怪來怪去，到進棺材之前都還在抱怨的人，就是沒有做自己、沒有面對自己、不願意進步成長的人！他沒有辦法讓自己覺得平衡，主要的原因就是他沒有做自己，因為他不誠實，不夠努力去進步。

愛情和家庭不是你高興來就來，不高興來就算了的事。它不是你的娛樂，不是用完了就丟的衛生紙，想用的時候就抽一張，用不完就丟掉；它不是你愛吃的冰淇淋，愛吃才吃，不吃就算了。它們是你的生命的全部！

你如果了解這件事情的真相，就不會有一種「我跟他格格不入」或是「我很自私」、「管他去死」的感覺。你的另一半包含在你的生命之中，他就是你，你就是他；你怎麼可能會有「管他去死」的想法？你重視他跟你重視自己的程度應該是一樣的，而不是完全漠不關心、視若無睹，到時候又嫌他很臭、嫌他很爛，對不對？你們應該是生命共同體。

至於照顧孩子影響到做自己的問題，你想多花點時間闖事業，不想花時間陪孩子相處，他將來跟你不親，這是必然會發生的事。你帶孩子的方法不對，他不高興，對你態度惡劣，你能夠怪誰？

有很多父母會怪孩子：「虧我那麼疼你，把屎把尿養你這麼大……」哇，這些都可以講好幾年的，算這些帳有什麼用呢？你也沒有真正地花時間去跟他講話，你沒有花心思去跟他聊天，去認識他、了解他，最後他跟你無話可說，合不來嘛。他看你不爽，不爽他就離開了。

你該算的帳不是跟孩子算，應該要跟你自己算才對。你不舒服是自己的問題，跟孩子無關。你說你幫他把屎把尿、你對他怎樣怎樣，那些都不是關鍵的重點。你幫他把屎把尿的時候，應該要有自己的樂趣，這是你在做自己必須誠實的地方。如果你不懂得怎樣去跟孩子建立互動，就好比沒有學會該怎樣去種花，一定是種不起來的！

你不能說：「我每天都有澆水啊！我每天都有修剪，也都有施肥啊！」沒錯，可是最後的結果就是花被你種死了，你不懂該怎麼去栽培，花當然種不活；就算種活了，開的花也不漂亮，你怎麼能一直抱怨說你有在種呢？你是有在種花，可是你栽培的方式不對，所以得不到好的結果。

再舉一個例子。你要照出一張好的相片，焦距一定要先調整好，如果需要補光就要用閃光燈。當該用閃光燈時你卻沒有用，是不是照出來相片就是暗的？你不能一直抱怨說：「我有按快門啊！我焦距也有調對啊！可是照片就是黑掉了……」

原因很簡單：因為你沒有用正確的方法去拍。

對待孩子也是一樣的道理。你採用正確的方式去對待他，他才會願意跟你講話，如果你只是一味地說：「我有疼你、我有養你、我有幫你把屎把尿……」，這就和剛剛拍照的說：「我有按快門，我也有對焦，也有用腳架……」是一樣的，這張照片怎麼烏漆抹黑的？因為你沒有用閃光燈。你跟小孩子的溝通不對，養出來的小孩就像是烏漆抹黑的照片！

這是一個非常重要的觀念。把這個觀念先搞清楚，才能在愛情和家庭裡平衡地「做自己」——想要怎麼收穫，就得先那麼栽；你得先誠實的問自己：你想要的家庭、想要的愛情究竟是怎樣的？必須先搞清楚自己想要什麼樣的收穫，相對地，你就得要用那樣的方式去付出、去經營，這樣才是真正的「做自己」。

第十一章

如何在團體中做自己？

我們常會提到要為別人而活，要顧及到別人的感覺，要顧慮到別人的想法，或是犧牲自己、照亮別人，犧牲小我、完成大我等等的說法。這些觀念到底跟做自己有沒有關係，完全看你怎麼去解釋。可是，我必須提醒你一個關鍵：這些觀念都必須在於能夠真正做自己的前提之下才能夠成立，要不然的話，不管講了什麼大道理，全都是個屁啊！

如果真正的你不存在了，你不在這個遊戲裡面，不管發生什麼對你都沒有任何意義的時候，所有的事情都是不重要的。所以，在一個人的世界裡，「做自己」永遠是最重要的人生使命。

「小我」、「大我」都是我

有一件事會讓你在做自己的時候覺得很難受，或是想要退而求其次。那種困惑就是：「我這麼做，是不是太犧牲了一些？」

或者是：「我會不會讓人誤認我這麼做，只是為了自己呀？」

這樣的擔心，其實是太過多慮。在這裡，我可以給你一個思考的方向：就算是別人的感受，仍然包含在你的世界裡。既然是「你的」家庭，是「你的」丈夫、「你的」孩子、「你的」公司、「你的」團體，甚至是「你的」族群、「你的」國家、你的、你的、你的……，全部都是跟「你」有關，對不對？因為是你自己的，這些東西才會存在。

你說你會在意，是因為他們跟「你」有關係。你跟他們好，你在意這個團體，你在意他們的事情，最後還是會回歸到自己的身上；他們的快樂，最後也會變成你的快樂，這是一定要認清的。

比方說：「犧牲小我，完成大我」這句話，那個「大我」也是你的「大我」，對不對？你願意犧牲自己去完成那個「大我」，表示你一定很在乎這個「大我」，它應該是屬於你生命中非常重要的一部分。如果「大我」與你無關，你應該不會去理它嘛，是不是？

所以，最後那個「大我」還是「你自己」。所有跟你有關的人事物，最後也都會是你自己，因為這個是你的人生，是你的世界。

那麼，在有些時候你會讓步，有些時候你會去成全別人，會讓別人去做他自己，你可能會妥協、會犧牲……這樣講不太好聽，因為「犧牲」、「妥協」這些字眼聽起來有些負面，應該是說你去支持對方，或者是這一次你就讓對方做主。

就以團體來說，並不是領頭的就一定佔盡便宜，做下屬的就任人使喚。做下屬的之所以跟隨領導者，是因為我敬重你、支持你、認同你，所以我選擇遵從你的指示。我聽你的，並不是我呆、我笨，而是因為這是我的選擇，我聽你的是因為我願意啊！

「我支持你」這句話有很深的意義。就像我愛我的父母，我愛我的小孩，我的父母、小孩也會愛我、支持我，對不對？

所以，讓別人來領導並不是失去自己，這種相對的觀念對於「做自己」很重要。你有你的老闆，那他必須領導你，這是他的工作，他只是負責不一樣的職位而已。並不是你聽從別人的話就是呆子，你就是比較無能、被人利用……這種觀念真的非常不正確。

一般人常會以為，「做自己」就是什麼事都要有主導權，所以會有這樣的想法：「如果老闆叫我多做事是故意壓榨我，我當員工就活該倒楣被佔便宜。」

「如果我不是主席就沒辦法做事，當下面的人就只好被愚弄。」

「我若當不成經理，那一定會被發配邊疆，這工作我不做了。」

你不是一定要當領導者才能做自己。在團體裡當不當領導者，跟能不能做自己並沒有關係，也不是「誰聽誰的」的問題。你應該搞清楚是現在到底是什麼狀況，我們這些人當中是誰做指揮、誰做主席、誰來做領導。就好像說，你的職位是課長，我的職位是經理，他的職位是總裁，這些頭銜都只是代表不同職位與不同的權責，並不是高下的區分。

舉例來說，一輛車有各種不同的零件組成，你沒辦法說引擎一定比輪胎重要，或是方向盤比車門更重要，它們都只是車子結構的一部分。若有人問：哪個零件才是車子最重要的部分？答案是：失去的那部分，就是最重要的。

有些時候，我們會被一些不好的經驗、不品格的人影響，而存在一些不好的觀念，這些觀念都應該被處理掉。在進步成長的過程裡，你必須學會如何選擇對的人、好的人，以及成功的人在一起相處。

一個好的領導者，下屬應該是很樂意讓他領導的，應該是很尊敬他的，因為你知道照著他給的方向去做比較生存，接受他的指示應該很高興才對。

就好比交響樂團有一個優秀的指揮家，拉小提琴的會比較快樂，彈鋼琴的人會非常感動，打鼓的也會非常的開心，這樣才是對的；而不是團員聽領導者的話就很衰、很倒楣，就是沒辦法做自己，這種錯誤觀念應該要扭轉過來。

每個人在團體裡面分工合作，有錢出錢、有力出力，能指揮的就指揮，能夠搬貨的就搬貨，每個人各司其職、各得其所，這樣才能樂在其中。不管你是做下屬或是做別人的上司，不管你是搬貨的工人或是開車的司機，你是經理或老闆，大家都要做自己！

或許有些時候你會讓步，讓別人去做他想要做的事情，不管去領導、去服從都沒有什麼不對，只是職位和職務上的區分。你要知道自己在做什麼，而不是說我聽你的，我就不是做自己了，我就是沒用的傢伙，我活該倒楣被你利用，或是我就被你犧牲掉了……這些想法都是不正常的。相對的，當老闆或是領導的人，同樣要負責任帶領團隊努力打拼，也要把下屬當自己人照顧，為他們的利益著想。

當你認為沒在做自己的時候，要先認清現在是你在成全別人呢？或是你做的這件事是在犧牲小我？或是現在的職位需要讓別人來領導？或是你決定聽別人的？

搞清楚這件事情非常重要。你會知道現在的你是做自己，同時也是讓別人在做他自己，因為這是你的選擇、你的決定；也會知道在這樣的合作情況之下，你還是在做自己。你現在決定讓上面的人領導，你是做你自己；同樣的，你現在決定由你來領導下屬，也是做你自己。

我們以跳舞來做例子。以社交的雙人舞來說，必須要有一男一女一起跳，男生會帶著女生跳，女生跟隨著男生的舞步一起走。在一些特別的情況，當兩個人都很會跳的時候，角色可以對調過來，變成男生跳女步、女生跳男步；也就是說，跳男步的角色就變成領導者，跳女步的人就要跟隨，看人家怎麼帶就怎麼跟。

當然，也是可以兩個男人或兩個女人一起跳！只要先講好誰跳男步、誰跳女步，一個帶、一個跟，就是這麼簡單。女的跳男步、男的跳女步都可以，不是誰是男人、誰是女人的問題，而是你要知道現在跳的是什麼步法。

但是，如果兩個都是跳女步，那就沒辦法跳，因為沒有人帶嘛！如果兩個都是跳男步，兩個都要帶，也是沒辦法跳，這就是原則及規矩，也是一個觀念的問題，看你的角色是該做什麼事。

今天我跳女步，並不代表我就是傻瓜，我就讓男生隨便轉來轉去；這是一個合作上的關係，沒有誰高誰低的差別。男的沒女的不能跳，女的沒男的也一樣是不能跳，這不是性別的問題，也沒有貴賤之別。

當你扮演領導者的角色時，只要你知道自己有這個職務，是你決定要這麼做。所以，能夠做個好上司的人，通常也會是個很好的下屬。意思就是說，你可以做下屬，同樣地也可以做上司；你可以領導別人，你也可以被人領導，角色隨時都可以轉換，兩邊的心態都很健康，你也清楚地知道不管是哪一邊，都是做你自己。

有些時候，在團體裡大家會明爭暗鬥，爭誰是主席、誰是領導，為了爭一個頭銜，若沒有爭到就不幹了……很明顯，這種人是「醉翁之意不在酒」，並不是真心想要為團體服務，他只是對那個地位、名利有興趣。這並不是真正的生存，也不是大家凝聚在一起的共識。

在團體裡，誰有能力做哪一個工作，誰就去做那份工作。如果不會彈鋼琴，你佔著鋼琴要幹什麼？你不會打鼓，怎麼說要做鼓手呢？就算讓你打鼓好了，你打得那麼爛，不是要害表演完蛋嗎？你沒有本事當部長，今天部長讓你來當，那不是要害整個部門全部死光光？

你很會彈鋼琴，你就是鋼琴手；你貝斯彈得好，你就做貝斯手；你會打鼓，你就當鼓手。今天你是指揮，是因為你指揮得好，不是因為你不會打鼓、不會彈鋼琴，所以就讓你去做指揮！換句話說，如果鋼琴手會彈鋼琴，但是他也一樣會領導，他就可以包辦鋼琴手跟團長的職務。

我們常常在樂團裡面看到，所有當領導的並不一定是特定的職位。他可以是貝斯手，可以是主唱，但也可以是隊長或指揮。如果他是打鼓的呢？也可以一邊打鼓一邊指揮啊！這非常有趣的。能做這個職位完全是因為能力，不是因為你想做或去爭來的。如果一個團體搞不清楚誰是領頭的，就像一個家裡面夫不夫、妻不妻、子不子，就一定會出問題了。

我一再強調的，就是不要把自己的身份或地位高低，當成是有沒有在做自己，這是一個很大的迷思。不管是在家庭、公司或是在任何一個團體裡面，如果大家都能做自己，才會真正的感到快樂，團體才會真正的和諧。當有人沒有辦法做真正的自己時，是永遠不會快樂的，你會發現不做自己的人是迷失、茫然的，搖搖晃晃找不到重心，常常感到莫名奇妙，甚至去跟別人爭執一些無謂的事，反而害了整個團體。

所以，奉勸各位一定要努力進步成長，做真正的自己。

堅持，或是妥協？

我相信你常會聽到有人說：「我要做我自己，所以常會讓人認為我行我素，那就是我的風格。」

或者是說：「我要照自己的意思去行事，絕不妥協！」

不管是待人處世，或者是關於怎麼樣去雇用人、開除人、要跟誰在一起、不要跟誰在一起，你喜歡做什麼事情、不喜歡做什麼事情等等，這些都關係到「做自己」。

當你做自己的時候，就會直覺地想到：「這件事情，我要這樣處理。」不過，只要是人，難免都會有意見不合的時候。那麼，是不是每個人做自己的時候，意見就一定會不合？其實不是這樣。

比較可能的情況，是因為大家沒有真正的溝通，做事情之前沒有完整的規畫，進而產生意見不合的情況。很少因為我要做自己，你也要做自己，所以兩個人就一定會吵架，這樣的情形其實並不多。

當你聽到有人說：「我喜歡這樣，你就偏偏喜歡那樣，你是故意的對不對？」其實，那種態度比較像是無理取鬧。他非常堅持己見，一定要別人按照自己的方式去做，而且完全沒辦法商量，因為他覺得「妥協」的話就不是做自己；但事實上，這並不是真正的做自己。

不過，我並不是告訴你有了衝突就一定要去妥協，也不是叫你一定要聽別人的。你應該要理解，這份工作有什麼樣的意義？

你這樣做之後，結果會如何？

你有沒有必要在這個時間點上，非常堅持自己的態度或是個人喜好？

如果你很堅持這樣的態度在做事，當你跟老闆或下屬起了衝突之後，會不會得到你想要的結果？

「妥協」是你從個人出發點的解釋，若換個角度，意思就不同了。這個決定對你來說是也許妥協，但對團體而言是了解，是合作，你做這個決定是為了讓大家朝更生存的方向，不需要覺得自己很無辜，好像被逼著委曲求全一樣。

「做自己」，在團體裡也是一樣，要注意會有什麼結果。你有自己專屬的風格與喜好，你也會選擇一個團體一起共存。在團體中，有很多人會跟別人吵架說：「我不喜歡這個制度！」

或是說：「我不欣賞某某人！」

「我不喜歡現在設定的這些標準，我也不想遵守這個方向。」

對，在某些小事情上頭，你可以很堅持地要做自己，或者是你認為這些要求不合理，所以就不遵從。不過，這一些都是「小細節」，沒有什麼好去爭什麼做自己或不做自己的。

你應該要注意的，是三年、五年、十年之後，這個團體還會不會存在？你會不會想繼續待在這樣的團體中？就算你想待下來，人家會不會想跟你在一起？搞不好最後被踢出去的人是你，而不是由你來覺得團體的要求合不合理。

你要先問問自己，五年、十年之後你還會不會在這個團體裡面？你在這個時間點上要做自己呢，或者是先放下原來的堅持，忍辱負重？這些考量，會讓你改變對於事情的看法。

假設，你可以在唸國中的時候每天都不交作業，是為了做自己；你不想穿制服，也是為了做自己；你不喜歡教官對你說三道四，你不願意接受學校的制度……沒錯，你可以為了做自己而去抵制所有的制度，但你應該還有更深一層的考量：國中的時間只有三年，你是否考慮過五年、十年之後，自己還會不會待在這所學校裡面？

當思考的格局更大之後，就會改變很多原來的想法。原本你很在乎怎樣做才是在做自己，但當你能夠看到更遠的目標之後，就不會在這個節骨眼上爭吵你討厭誰、你喜歡誰、在乎或不在乎哪個規矩，那些都是微不足道的小事。

人生的眼光要放長遠，做自己是一輩子的事情，而不是在那些雞毛蒜皮的事情上斤斤計較，吵著說：我要用這條圍巾、我不想吃這個便當、我不喜歡和這個傢伙一起工作，然後在某件事情上大作文章……其實，若你能夠更進一步看到自己的人生，這些計較就顯得是小題大作了。

那麼，在工作上也一樣。這份工作到底是暫時性的呢，還是這是你一輩子要投注的心血？如果它跟你的性命一樣重要，那可就不一樣了！

你可以看到許多導演很堅持自己心中的一個理想，一定非得怎麼拍不可，為什麼？因為那部電影就是他的命！他一輩子能夠拍幾部？他要拍出這樣的史詩大作，不管是要問鼎奧斯卡也好，或是想忠實呈現歷史也罷；他耗了十年就是為了製作這部電影，這等於是他對於人生夢想的實踐。在這樣的情況之下，他們所用的力道、要求和態度，和一般的工作是截然不同的——不能隨便、不會妥協，完全一絲不苟！

如果你的工作是臨時的，隨時都有可能換工作，那麼，你會去為自己爭取什麼？你要問問你自己，三年後還會不會在這裡工作？如果不會在這裡工作的話，你應該要先搞清楚：你為什麼選擇在這裡工作？你做這份工作的目地是什麼？是為了等退休？還是為了有一份鐵飯碗？或只是圖一份薪水，所以暫時性的打工而已？

如果你搞清楚了這些問題之後，在這些條件的情況之下，你該如何去做自己？你選擇做自己之後的結果會是什麼？

你要的是最後的結果，要看的是那個果實長什麼樣子，你要的自己，應該是你一生的成績。你不該等到準備進棺材之前，才來看看這輩子自己幹了哪些事、做出了什麼樣的成績。你要明白自己的人生、命運、自己的色彩是什麼，要怎樣在漫長的人生旅程中，去達到你想要的自己？而不是很在乎今天跟某某人吵架，或是對某份工作的薪資斤斤計較、眼鏡該戴哪一個框架、要用哪一支筆寫字、用哪一條毛巾洗臉、穿哪個牌子的衣服、有沒有佔到那個位置、有沒有拿到證書……大多數的人，都誤以為這樣做才是努力地在做自己。

把整個人生攤開來看，那些事情並不是很重要。可是，你卻在那個小地方一直堅持說要做自己，在那個節骨眼上值得浪費那麼多的時間嗎？值得你去跟別人大吵一番嗎？或許，在那個當下你可能很不高興，為了做自己，一定要去告訴對方說：「你這樣做很混蛋，你知道嗎？」一定要跟他斷交，或是因為這樣而氣了三天三夜……這樣的事情到底是不是「做自己」？你真的得要好好考慮。

你要做的，就是每天很誠實的朝著你設定的人生目標邁進，去完成你的夢想，去完成你希望得到的人生成就。在五年、十年之後，或是在你拿到年終獎金，或是完成重大夢想的時候，那些你本來很在乎的瑣事，就變得一點都不重要了。你要用更寬廣的氣度去看待人生，就會知道你有沒有在做真正的自己。而不是每天都在跟人家起爭執，在那邊捍衛自己的喜好而跟別人吵來吵去。

我常常看到有人一天到晚跟別人吵來吵去，都會覺得這些人簡直是浪費生命。既然有那麼多時間吵架，為什麼不去多學一些事情？多看一點書、多練習溝通、做一些讓自己能夠進步成長的工作，甚至去多賺點錢，去處理一些事情，不是比較有建設性嗎？

而不是一直抱怨經理無能啦，上司不公平啦、下屬很囉唆等等。

但反過來說，也不是一定要刻意表現得好像跟別人很合群、很好說話，不是。你可以脾氣很不好，可以讓人覺得你很兇悍或很強勢，但這並不影響做自己的方向。你不需要把這些個性上的問題，擴大成「這個人很兇」，或是「這個人很溫柔」、「這個人很軟弱」、「他都沒脾氣」的刻板印象，這並不是做自己的重點。

在團體當中「做自己」的重點，在於怎樣在生活裡面堅持朝自己的人生目標前進，把你的工作和團體凝結在一起，讓你現在做的工作變得很有趣。你應該要想辦法讓團體非常有凝聚力，讓夥伴可以在一起長長久久的相處，大家在一起的時候很快樂。

你可以想像一下，你很堅持你自己的原則，卻一天到晚跟同事吵架，最後大家的感情是破裂的，或是那個工作根本就是沒有什麼意義的；就算你「做自己」，又能怎樣呢？

大多數人常常在跟夥伴吵架的時候，會誤以為是在做自己，其實並不是！嚴格來說，絕大部分的例子都只是非常無聊地在那邊耍脾氣。所以，我建議你要把你工作的目標明確地表列出來，把你想要的團體方向跟自己追求的理念整理出來，五年、十年甚至二十年之後，你要的目標是什麼？

把時間攤開來看，「做自己」的方向就會不一樣，也會比較清楚自己要的是什麼，而不是在那邊爭一些小細節，計較差那幾公分、幾百塊錢的事情。如果做這一個工作十年後可以賺一千萬甚至一億，現在計較那幾百塊錢要幹什麼？如果你十年後跟這個人還會是好朋友，現在是否需要計較他有沒有還你錢？現在這個決定，是不是未來的你真正想要的？

當把眼光放遠去檢視的時候，你所選擇「做自己」的決定將會更精確，而且你會對自己更誠實。這也是看待工作和團體的一個好方法，而且也才會真正有了重心。畢竟真正的「你自己」是一輩子的事啊！

第十二章

如何在生命中不斷挑戰自己？

我們常會不斷的找各種理由挑戰「做自己」這件事。人們總是說：年少輕狂，但人生總是會有一些衝動的時候，想要去幹一些不一樣的事情。

我們常會因為懶惰而擺爛，或是為了順從爸媽而去考證照；或是交了不好的朋友而誤入歧途，染上不好的習慣，天天抽菸、喝酒、嗑藥、熬夜、打電動等等；要不然就是突然迷上了旅行，或是拼命跳舞、每天彈吉他等等；反正就是很執著、很瘋狂地做著某些事情。在這過程當中，你該怎麼去挑戰做自己？這就是非常有趣的一個地方。

其實，大部分的人並不清楚是否真的那麼喜歡自己目前在做的事——特別是與進步成長有關的事。

進步的過程，伴隨而來的是蛻變的痛苦，包括反覆練習的枯燥，突破不了瓶頸的煎熬，想要放棄的念頭等等。許多人只是希望得到最後勝利的成果，卻熬不過進步成長所必須承受的痛苦。

所以，你能夠「做自己」到什麼樣的程度？完全是個人的意志和選擇。只有在不迷失、不放棄的狀態下，才能不斷挑戰自己，找到一個更棒的自己。

人生，就是不停的戰鬥

在社會上，每天都很認真過日子的人並不多，成功的人也只是少數中的少數。所以，我們要把「做自己」的方向定出來，讓一些認真努力的人不會錯失良機。時間一過就不再回頭，要是你一直到處瞎混，等到哪一天終於玩夠了，才恍然大悟說：「好了，現在我們開始來努力吧！」成功的最佳時機，都已經成為過眼雲煙了。

要進步成長，就必須要設立目標。不管你想要成為哪一個領域的高手，都必須在進步成長的過程中挑戰自己的極限，最後才會成功。你想要成為一個企業家，想要當一個政治家，想要成為 NBA 職業籃球員，或是成為首屈一指的鋼琴家，都要經過不斷的練習、不停的做，一直挑戰自己。

那麼，什麼叫做挑戰自己呢？

我常用「進步成長」四個字來解釋挑戰自己。但是，「進步成長」這四個字是比較偏向精神領域的詞彙，對一般人來說比較玄，只能意會而不能言傳。如果我們以物質領域來做解釋，就是把事情「做大」。也就是說，你可以把生意愈做愈大，或者是人脈愈來愈廣，你也可以讓自己在社會上的影響力愈來愈強，讓名聲愈來愈大，挑戰自己不斷地延伸擴展，增加廣度及深度。這樣的觀念本身就非常具有挑戰性了，光是這樣想，很多人就已經受不了了！

至於精神上的挑戰，就是不斷的提升自己的能力。你知道更多自己可以學的、可以修練的，再更進一步去追求。有很多東西是不同層次境界，彈同樣一首曲子、跳同樣的一支舞、一樣的基本運球，打一樣的太極拳等等，同樣都是基本功，怎樣可以有更深一層的功力，怎麼樣讓它做得更好、更完美，那就是挑戰自己。

突破極限是一種超越完美的心態。或許你在目前只能做到八十分，但下個階段你就要要求自己做到一百分，之後你還要讓自己能夠做到一百二十分，不斷地把極限往上拉高，然後再去突破它。

如果你是追求物質上的進步，一般來說會比較無聊一些，但好處是可以量化。如果你喜歡，這種追求數字的遊戲就會變得非常有趣。

例如說，怎麼樣可以賺十萬塊，怎麼樣去賺到一百萬、一千萬，這就是一種挑戰自己。你怎樣去面對一個規模更大的工作，怎麼樣去擴編員工、增加客戶，怎麼樣把產量做大，怎樣可以進軍國際市場……這種擴張的動作，就是挑戰自己。

你可以在各種領域挑戰自己。不過，你要先定位出現在的自己是怎樣的水準，才有辦法去繼續進行下一階段的挑戰。

假設你很年輕就開始打工，你應該考慮怎樣投注一樣的時間，讓每個小時可以獲得的薪資再增加。所以，為什麼有些人在打工之後，會成為經理或店長？這就是挑戰自己，因為執行的動作不一樣，責任範圍不同，獲得的能力也不一樣，它就會變成一種挑戰。

你對自己的挑戰，除了和自己溝通、為自己的夢想擬訂作戰計畫之外，你必須把它想成怎樣可以做大、怎樣速度可以更快、更精確、更細緻，所有的這些條件歸納到最後，都是能力提升的問題。

你必須要了解一件事：人的潛力是無限的。好，永遠可以更好；更好，還可以再好，這就是對自我的挑戰。如果你不這樣去挑戰極限，最多就等於是持平而已，持平就是一種退步，慢慢你就鬆懈了，然後就放棄了，等著退休養老，講難聽一點就是等著進棺材而已，雄心壯志都沒了。

如果人生沒有挑戰，那就是完全放空了。雖然你可以抱著玩玩的心態，但是你並不在乎，隨隨便便放棄也沒關係，反正人生沒有什麼目標，就只是在那邊晃啊晃啊，搖啊搖。

不過，這也沒什麼對錯，因為你還是可以選擇這樣的生活。只是，既然我們要談的是如何在生命中不斷的挑戰做自己，就會牽涉到進步成長，會挑戰讓自己愈來愈好，過程當中會發現更多自己的能力，要不然你沒有辦法真的進步成長，也沒辦法找到真正的自己。

所謂的「挑戰」，並不是要讓自己像個瘋子拼命地橫衝直撞，這兩個字代表著將要克服更高的難度。如果今天你只有交三個朋友，生活圈的挑戰就會小一點。若想要有所挑戰，就要思考怎樣可以拓展到六個朋友，而且跟每位朋友的感情還是很好。

以生意來說，你要思考怎樣從五個客戶變成十個客戶，然後服務品質還是一樣好，在維持這樣的服務品質當中，你還要挑戰「做自己」——意思就是說，你還是一樣地誠實，不偏向目標以外的其他方向；不管事業做多大，你還是能夠不忘初衷，像一開始的時候這麼有衝勁，願意付出這麼多的努力去把事情做好。

在成長的過程中，你可以找到更真實的自己。因為你會考慮是不是要妥協？是否又發現到自己的弱點？會不會又想放棄了？又開始想要去找一些理由來說服自己不必再那麼誠實了。

只要是在挑戰的時候，理由就會一大堆，因為做不到嘛！做不到就給自己找理由，沒辦法的時候就給自己找個台階下，這些都是生活裡常常會發生的事情。

你是為了要讓自己變得更好才去挑戰。挑戰的的樂趣，正在於會不斷地遭遇困難，並且不斷地衝破難關，一直往目標邁進。如果我們可以一直做自己，最後的人生其實是非常快樂的。要是沒有這些挑戰，沒有這樣地努力付出，你最後一定會鬆懈，然後就會放手、算了。

舉一個簡單的例子，很多女孩子會對這個主題很有感覺，就是愛漂亮。

你很愛漂亮，你希望自己很健康，希望自己身材很好。所以，你不喜歡自己的肚子太大，不喜歡身上有臃腫、肥胖的贅肉。當你要去挑戰的時候，就要每天不斷地下功夫，得付出非常龐大的代價。

在減肥的過程當中，你會遇到一個心理障礙：「我是不是真的想要這樣？」如果你不想這麼辛苦，就要誠實講出來嘛！你大可以這麼說：「我不在乎這麼胖，我也不在乎身上贅肉一堆，我覺得無所謂。」

就算你這樣講出來，也不會怎樣啊！大家都會覺得很正常。反正最後大部分的人都會遇到一樣的情況，你不應該覺得這樣很丟臉或是很難啟齒。你只要很誠實的面對，挑戰自己內心最真實的感覺。

你可以大膽地說：「我不喜歡挑戰。」不喜歡挑戰，也是一種做自己啊！

如果你真的想要挑戰自己，你真的希望自己很漂亮或是身材很好，這樣的挑戰就是需要不斷努力的，不管多辛苦都要繼續撐下去，要有堅強的毅力持續運動、健身、節食等等，要不然這個目標一定會完蛋的。

在物質宇宙的世界裡，只要沒有持續去挑戰的話，只要是物質都會衰退。岩石會風化，人也會變老，這是自然的現象。所以，你必須要去跟自己挑戰，就像所謂的抗老——「抗」就是一種挑戰，你要防止它發生，你要讓它延緩，要耗費非常大的資源、精神與體力。在這當中，你要清楚地問自己：「這樣的結果是不是我要的？」「我可以接受付出這樣的代價嗎？」

如果你真的決定要這樣的話，那勢必得非常辛苦才行。但你要先了解，這些辛苦，就是你選擇挑戰之後一定要經歷的過程。挑戰本身就是一種高難度，如果想要挑戰，決定要有這些成果，就要先認清自己一定要付出代價，準備要吃苦了，然後就放手去做。至於結果會不會如你所願，沒有什麼好去計較的，因為我們並不研究你這樣做到底對不對，對錯並不在我們討論的範圍之內。

不過，當你接受挑戰之後，你可以看到它的成果。因為這是你要的，這是你選擇的，你自己會很喜歡，會很高興，這才是重點。如果你說你不要了也一樣，既然話說出去了就不要後悔。

可是，你不能放棄之後又覺得後悔，然後又想要挑戰，遭遇困難之後又打算放棄，這樣反反覆覆的搞，好像自己都不曉得到底要幹嘛。那種猶疑不定，就是沒有在做自己。

你一定要誠實的問你自己想要怎樣的結果，然後就努力朝目標去做。如果你想要放鬆，那就真的讓自己放鬆，這樣也是做自己的一種。你千萬不要做了自己又在抱怨，明明就想放鬆卻又覺得這樣很不應該，就非常矛盾了。

你要挑戰，就要了解這些代價是不是你能負荷的？如果你能了解這個目標真的是你想要的，就必須很認命地去吃這個苦，最後就會像倒吃甘蔗苦盡甘來，過去所有的辛苦都會甘之如飴。

做了自己，真的會自由快樂嗎？

這麼說吧。我們先反向思考：不做自己，會自由快樂嗎？

前面說了這麼多，你應該可以知道：如果不做自己，絕對沒機會得到快樂自由，也不可能達到成功的人生目標。

那麼，做了自己之後，會不會快樂自由呢？這就得看你做一個怎樣的自己了——你是不是很誠實？這個「做自己」可以藉由進步成長，一步一步變得愈來愈好，愈來愈接近你真正想要的自己，自由的空間會愈來愈大，也會感到愈來愈快樂。

所以，答案很簡單：你一定要做自己。因為做自己，才有機會得到快樂自由。

以我個人的經驗告訴各位，「做自己」才是生活，才有生命的價值。我不能保證你一定會快樂自由，因為這段學習的過程路途很漫長，而且做自己並不是這麼容易。如果「自己」真的那麼容易找的話，那麼三秒鐘就解決了，何必寫一本書呢？簡直是太小題大做了，對不對？很多人過了三、四十年還是找不到自己，至於能不能找到，就要看你有多麼努力了。

你得要非常認真，因為這當中有很多的關卡要闖，有很多的知識要懂，有很多人生的問題要去研究，還有很多的經驗必需親身去歷練，你才能夠真正的找到「自己」。

做自己是人生最快樂的一件事情。如果做不了自己，自由跟快樂都只是妄想，絕對不可能發生。這就像要去尋寶一樣，既然要尋寶，你怎能不刻苦耐勞，不去每天努力找尋線索？要是寶藏這麼容易挖，那也不必尋什麼寶了，拿把鏟子去你家院子挖一挖就有了。

我非常鼓勵大家一定要進步成長，唯有如此你才能夠找到真正的自己，也才能得到快樂跟自由，所以這條路很辛苦、很漫長，但也是很有價值，值得你此生非走一回不可。

只要你愈做自己，愈了解自己，快樂和自由的程度是可以一直增加的。相對的，若是你不做自己，最後一定會後悔的。每一次當你這樣想著：「哎呀……早知道會這樣，當初為什麼……」所有這些對於過去的怨嘆，簡單來說，就是沒有做自己；如果是你自己的決定，就不會有這麼多的後悔。

當然，你必須要決定自己不能後悔。但就算不後悔，還是有可能會做錯，這當中要學習才會進步，一次比一次好；當你進步了，就會知道怎樣做自己會更好。如果沒做自己的時候，你會知道那是一個錯誤，而且也會知道最好還是不要這樣，因為那個後果絕對不是自己要的。

假如你現在的感情狀況很糟糕，已經走不下去，兩個人也沒有未來，你心裡也有分手的打算。在感情世界裡，你一定會想要做自己，但是因為遷就、妥協，因為他有時會對你很好或是同情等等因素，你心裡感到很掙扎，不知道該怎麼開口，於是就給自己找理由：「唉！都在一起這麼久了，何必要分手呢？」

「彼此都習慣了，沒有在一起感覺很奇怪啊！」

「家人都很喜歡他嘛！大家也都覺得我們應該是一對了……」

「我們都在一起八年了，如果不跟他，那要跟誰？我找不到別人了。」

「就只有他願意娶，那只好嫁了吧！」

講難聽一點，就是擔心自己嫁不出去。那這樣的決定，有沒有做自己呢？這一些都是藉口，都是理由。回到最初，就是你並沒有做自己，會不會後悔？當然會呀！就算表面上假裝不後悔，你覺得自己認了，最後的心態就會變成「算了」、「做人要認命」。

但是，回到「做自己」的衡量標準，答案就是：你不快樂。

譬如說，有的人會說：「當初嫁給他，因為是我媽媽的決定。」或是：「那個時候，我婆婆就很堅持一定要她兒子娶我，就下了聘，我媽媽沒辦法推託啊……」

好，這些話更進一步的解讀，就是你並不快樂，這不是你要的嘛！聽起來還是很勉強。反正故事一大堆，最後的結論是：「反正我嫁給他，生了三個小孩，然後就撐到了今天。」

聽起來，又是一個苦命的故事，某種程度你仍是後悔的，對吧？因為話中的意思就是「如果當初不是嫁給他，今天怎麼會這樣？」

不管用詞是什麼，總之你並沒有很高興，不滿寫在臉上，沒有真的想跟他在一起，也不是很愛他。既然浪費了這麼多的時間，還不知道要改嗎？還不知道應該要分手嗎？還不知道要趕快要結束嗎？

你明知道沒有未來卻還要繼續，那最後會怎樣？就是完蛋嘛！你的命運悲慘，你嫁錯人、娶錯老婆，把所有的理由都丟給你媽，你媽反正也不跟你住在一起呀！你說你聽婆婆的話，婆婆最後過世了，你的人生還是很悽慘，那要怪誰呢？你只能怨天尤人，叫天天不應、叫地地不靈。沒有任何辦法，因為你沒有選擇做自己；最後所有的倒楣事，還是會回到你自己身上。

別人快不快樂，是他自己的事嘛！個人吃飯個人飽，現在你沒吃飽，你就是餓肚子，就是不開心；這樣是不是很糟糕？或是別人叫你吃你就吃，吃到撐、吃到吐、吃到胃痛拉肚子，也是因為沒有做自己，這就是你必須要承擔的事情。

所以呢，奉勸各位還是不要太鐵齒，做真正的自己比較重要。

第十三章

讓別人做他自己

人，為什麼要做自己？

因為做自己，舒服。因為做自己，是誠實的。如果你不能做自己，你是會不快樂的。

那麼，將心比心。你希望舒服，希望可以快樂，別人也希望舒服，也希望可以快樂；你也要讓別人可以有這樣的感覺。如此，才有可能建立正確的價值觀，彼此的互動才會沒有障礙。

你快樂，你舒服，完全是從你這一端做為出發點，是以你做為考量的。如果你不能做你自己，你是難受的，你是不正常的，就好像是跛腳或畸形一樣，沒有在扮演自己這個角色，所以完全是一個偽裝的騙局。

你不做自己，不僅你不舒服，別人也不會舒服。同樣地，如果別人不做他自己，你也不會覺得舒服。你跟他在一起時，會覺得被他給矇騙了，或者會覺得他並不是真心誠意的；不管他對你好或不好，兩邊都不舒服。

如果他對你不好是基於某種理由，他表現出來的並不是他自己，可能是他媽媽叫他不要對你那麼好，或是在他的觀念裡有其他的理由，讓他覺得自己不應該對你好……理由是什麼都不重要，重點是他並不是以自己由衷的心意來對待你。這樣一來，你就會覺得被欺騙，覺得對方沒有真心誠意，覺得不舒服，對不對？這是一個很容易理解的事情。

有些時候，我們會很自私地要求別人不要做他自己，希望別人改變他自己來迎合你，將自己的快樂建立在別人的痛苦上；而且關係愈親密的親友愈有可能會發生這種事，像是那些很要好的朋友，或是情侶、夫妻，甚至於父母親或孩子。

如果這些人是真心為你好，他的心意應該是向著你的。可是，如果他向著你，但他表達出來的意思並不是真心的，那有什麼用呢？

更進一步解釋，因為他在要求別人不要做自己的那個時刻，他也並不是真正地在做自己，當下他所說的話並不是真心的。然而，總有一天他終於發現不應該強迫別人不去做自己的時候，當初那些逼迫別人的決定與後來發生的結果，都不會是他要的。

不過，最後他有可能不會告訴你真正的實話。如果當初你照他的意思而放棄了原本應該做的自己，最後大家都會被搞到非常地心碎。所以呢，要求一個人不去做他自己是非常殘忍的。這有一點像是把別人變成了殘廢或是畸形，最後卻又硬把這件不合理的事給拗過來，找個理由自圓其說。

很多時候，人們的考量都是自私的，為了權力、為了資源、為了個人的理念或是利益等等。現在你為了自己開心，要求對方順著你的意思做，等到結果不如預期，你又想盡各種理由去硬拗，就算給你拗過來了，又有什麼用呢？因為他已經心碎了，最後他的心仍然不會是你的。某種程度上，你沒給對方空間，不管用什麼方法達到目地，都是不自然、不理性、不舒服的，不僅傷了自己也害了對方。

讓別人做自己，不等於是「放任」

你要讓別人能夠真正地做自己，會有一些衝突狀況。比方說，有些爸媽會說：「孩子就像一張白紙，什麼善惡是非都不懂，讓他做自己豈不等於是讓他胡亂搞嗎？」

讓他做自己並不等於是放任，這是兩個完全不同的觀念。為什麼要幫助別人去做他自己呢？如果你不這樣做的話，對方是不可能獨立的。

舉例來說，你教小孩子自己去上廁所，這就是讓他學習做自己。你不能每一次都幫他脫褲子、幫他擦屁股，一直到了十五歲都還要依賴著你才能去上廁所，然後他不願意自己吃飯，必須要靠著爸媽餵才肯吃；這樣解釋你應該就比較容易理解。如果小孩子變成這副德性，他並不是他自己，而是另外一個他所依賴的人的附屬品，對不對？而且他會讓被依賴的人變得很不自由，對雙方都不好。

同樣地，基於這個觀念，不管是感情、工作上頭都是一樣的道理。若是你讓一個人不能夠做他自己，他不能愛他所愛，他不能夠照自己的心意去講要講的話，他必須討好你，他要依賴你，他什麼事都要遵照著你的意思去做，那不是等於你在餵他吃飯嗎？不是等於你幫他穿衣服、擦屁股嗎？因為他必須聽你的，發生狀況的時候，他沒有能力負起責任，他會說這些事情是照你要求做的；只要他一出事，包你吃不完兜著走。

小孩子若從小就依賴成性，長大以後，他就會說出這樣的話：「是爸爸要我讀這間學校的。」

「我之所以嫁給他，完全是媽媽的意思。」

「我這份工作是爸爸要我做的，我是接受家裡的事業。」

「這不是我要的，是爺爺逼我這麼做的。」

「我舅舅求我做的，我也不知道為什麼最後會變這樣。」

不管是什麼理由，他就是不能做自己。你想想，這個人最後會變成怎樣？他的事業會怎樣？他的人生會變成怎樣？

或許在一般人眼裡，他還是有可能做的有聲有色，他還是拿到了最高學府的文憑，他可能是營業額幾百億的企業少東，他可能有一個如花似玉的老婆……但是，基本上他的出發點是為了別人才去做的。

「為別人而做」跟「為自己而做」的最大差別，在於責任感的不同。只要他的決定不是自己選擇的，他沒有辦法真正揹負起這個責任。或許他是為了爺爺才這麼做，可能爺爺過世了之後，他就不想繼續做下去了，就算當初答應了這個承諾，也只是暫時性的。所以，當他遇到了問題，便會有這樣的困惑：

「媽媽，你告訴我，現在我應該怎麼做？」

「爸，當初你要我嫁給他，現在感情不好，我們是不是應該離婚？」

因為他不是做自己，他不能獨立思考，像個機器人一樣；他只是假裝順從著對方，要別人按了按鈕他才會動。這種假裝的意願，維持了五年、十年甚至一輩子，到底有什麼意義呢？完全沒有。既然這樣，你還要逼一個人不去做他自己，而是做你想要他做的自己，這樣子有什麼用？

到了最後，你還是要同意讓別人能夠做自己。如果你不能讓他做自己，這些所有的一切都是假的。

現代的家庭裡，有很多小孩子是這樣的：如果父母提醒了，他就勉強做一下；如果父母什麼都不說，他就完全不會動。為什麼會這樣？因為在孩子的思想裡面，這並不是他要做的事情，他沒有做事的意願；全都由父母決定、負責就好，一切都與他無關似的！

人最糟糕的，就是沒有意願；所有事情要完成，都是因為意願。做自己，就會有意願，因為那是你的意思；去做別人要你做的自己，當然就沒有意願。換句話說，如果你強迫一個人不讓他做自己，最後他就會變成一個沒有意願的人。

如果嫁給這樣的男人就像嫁給他媽，因為他什麼事都得要先問過他媽的意見；娶到這樣的老婆就像娶到她媽，因為她所說的、想的都是她媽的意思。你跟這樣的人在一起，就等於跟一具行屍走肉相處一樣，他是一個機器人，是一個要別人按鈕才會動的人，你按了按鈕他就動，你不按他就不動。

有些時候，我們可以看到父母常抱怨自己的孩子怎麼這麼被動？為什麼都叫不動，要三催四請的他才會做？因為他並沒有在做自己，他是在做別人要求他做的自己。

如何讓別人做他自己？

既然做自己這麼重要，是不是該將心比心，也要讓別人做他自己？以交朋友來說，如果不喜歡你的方式，當然就不必要求對方一定要跟你在一起。你不需要跟你不喜歡的人在一起，也不必跟不喜歡你的人在一起，理由很簡單，因為要讓別人選擇做他自己。做自己，要的不過就是開心罷了。不需要說你不喜歡我，我還硬去巴結你，或者是非要跟某某人做朋友不可，不必嘛！世界何其大？龍交龍，鳳交鳳，大家有不一樣的理念也沒什麼不好，你過你的獨木橋，我走我的陽關道，各自都有自己的喜好。

交朋友就是找志同道合的人，但也要讓你的朋友有他們的空間，你不要過度打擾他或是強迫他去做他不喜歡的事，這樣大家才能長久相處。你有活動邀請朋友來參加，如果他能來就來，如果不能來也不需要責怪對方不夠朋友。如果真要這樣計較的話，應該是你比較不夠朋友，因為你不讓他有自己的空間，讓他做自己的選擇。如果真的是朋友，彼此有什麼事都是可以談的，盡量讓他做自己，而不是非得照誰的意思不可。

在婚姻來說，對於另一半也是讓他能做自己。如果他很拚命地在工作，就鼓勵他盡情地忙碌。有些時候，另一半會做某些不見得是你喜歡的事，還是可以去跟他溝通，還是可以去照顧他，但重點是讓他可以做自己——因為他喜歡這樣，就讓他這樣。

當然，也不是說讓對方做自己就可以任由他吃得像豬一樣，或是每天都不去上班，吃喝嫖賭通通都來。並不是你讓對方做自己就是睜一隻眼、閉一隻眼，這跟所謂的「給予空間」是不相干的，這是不品格、不生存的事，兩邊也完全沒有信任，沒有個人的尊嚴與紀律。

讓對方做自己，是因為他跟你的興趣不一樣。給對方空間，是讓他去做他自己的選擇與安排。他只是工作的心態跟你不同，要是你看不順眼，可以想辦法去引導他，可以去鼓勵他、照顧他，可是千萬不要去限制他。

以我來說，我一直讓我先生去做他想要的自己，讓他做一個他想要做的丈夫；所以我們的感情非常堅實忠貞，彼此之間有無比的信任。我們可以相隔世界的兩端，不必朝朝暮暮，彷彿對方就在身邊，這樣的感情才是真的。為什麼可以這樣？因為他可以做自己。

我在對待我的員工，也是讓他們做自己。一般的老闆很喜歡管東管西，叫你不可以做這個，或是你一定要這樣、一定要那樣。一般人對於經營公司會有錯誤的迷思：「如果我不管，那員工不就又偷又搶了？公司不就完蛋了？」

難道每個人做自己的標準就是偷跟搶嗎？這是非常嚴重的評估貶低。難道你的員工都是壞人嗎？把員工都當成壞人的老闆，是不是大有問題？如果你讓員工做他自己，他就會發揮自己的才能，用自己能做的方式盡量去努力，因為他也希望可以有好的表現。

每個人之所以做自己，是因為他希望變得更好，而不是希望自己墮落。為什麼你不讓別人做自己？為什麼你認為讓他做自己就會變得很糟糕？這是出自於你對他人的不信任。

如果你跟一個人能夠真正溝通，大家彼此能夠互動良好，讓他做自己更能發揮個人的才華與潛能。所以，把一個人放在他可以發揮的地方，從另一個角度來說，就是讓他做自己，大家都會很快樂。

父母跟子女的關係也是一樣。父母要讓小孩做自己，孩子也要讓父母做他們自己。有很多的孩子常常干涉父母的決定，譬如說：「爸爸，你不要離婚！」

「媽媽，為什麼你都不聽奶奶的話？」

小孩常提出一些讓父母無法做自己的要求，不管是用哪種方式，都等於是用拗的，讓父母覺得很痛苦。如果強迫某人一定要照別人的意思，那些被強迫的人有什麼想法呢？這個人就會活得很悲慘。

以我自己為例。如果我跟我媽媽在一起，我就用媽媽喜歡的方式來跟她相處。至於跟我爸爸呢，就用爸爸喜歡的方式對待他。假設媽媽是吃素，我就跟媽媽去吃素。爸爸喜歡吃日本料理，就跟他去吃日本料理。大家如果要在一起的時候就必須調適，有些地方要忍耐包容，這些事情都是可以談的。

如果有一天，你跟一個人在一起，你跟他之間的關係只是對方一直在包容你，而且他必須天天跟你在一起，這個關係會變怎樣？他絕對不會快樂。

有人說：「家和萬事興」，為了這個家、為了這個團體，大家要和睦相處，所以看不過去的就要忍耐——前提是他們的忍耐是心甘情願的。如果這不是你要的，遲早會出問題。

如果你去一個人家裡，發現所有人都得聽媽媽的，就會發現這家人一定不是很快樂。到一間公司去，你看到那些員工被強迫非得怎樣不可，公司的氣圍一定不會很開朗，員工跟老闆的關係也不會很好。

團體有團體的紀律，朋友有朋友的分寸，員工跟老闆之間也有倫理，這些都是要遵守的。我們所提的「做自己」不能違反品格，因為大家都是有學問、有水準的人，不應該以「做自己」做為名義，就當別人是傻瓜、佔人便宜。

大家要互相尊重，讓彼此都能做自己，這樣的生活會非常快樂。要達到這樣的境界，每一個人都要誠實做自己，也要同意別人做他自己，大家才能夠真正地互動、交心。每一個人都有他自己的色彩，有他自己的意願，活在能夠做自己的世界，才會真正的欣欣向榮。

後記

在人生這條路上，就是要一直跑。不然活著要幹嘛？既然要跑，你就要把油加滿，而且要加好一點的油，才能跑得遠、跑得順利。如果汽車不加好的油，引擎就容易出問題。人若沒有好好保養身體與心理狀態，就會生病、到處跟人吵架。

所以，如果你常常生氣、情緒不穩定，或是容易鬱卒、適應不良、神經衰弱，或是常常被刺激……這些徵兆都表示你太脆弱，身體也沒有足夠的營養，抵抗力不夠強；當然也是能力不足的現象之一。

做自己這條路上，要能夠承受得住外來的打擊。不管發生什麼事情，先大笑三聲再想該怎麼辦，而不是開始鬼哭狼嚎——只要你一鬼叫就完蛋了，還沒開始起跑就已經輸了。

找到自己，可以幫助你變得像大力水手一樣強壯。你不會那麼容易受刺激，也比較容易適應環境，也能夠自在地和別人講話。要是你每天都不開心，就一定不會講話，人生就完蛋了，不講話的人跟死人沒什麼兩樣。

不過，既然你要講話，就要能夠先讓自己不被別人刺激。如果你被刺激到了，你講出來的話一定不是你自己內心由衷的話。只要你不爽，就會講出不爽的話，你擔心，就會講出擔心的話，講的話都是負面的，沒有建設性。

那麼，你身邊的人會怎樣呢？你一直皺著眉頭對他說：「我很擔心你啊！」誰會舒服呢？如果你不舒服，就會一直表現不舒服的樣子，講出來的都是這種難聽的話，那要怎麼做生意？怎麼見客戶？怎麼見老公？

你一見到老公就一直說：「我不舒服，我不舒服……」

他就會想：「既然那麼痛苦，乾脆不要在一起，離婚好了。」

做自己，就是要讓自己進步成長，不管怎樣都可以很舒服，不管別人怎麼發瘋，都沒辦法拿你怎麼樣，你卻可以輕鬆地把場面控制住。當你能夠真正做自己，就算被背叛一百次都沒關係，有種背叛一百零一次，你還是一樣承受得了，因為你還是自己，無所謂啊！

但如果沒進步，別人一個小動作就會讓你覺得不舒服；人家背叛你兩次，你大概就要去殺人，鬧出社會命案了！這就是當你能夠做自己，不斷進步成長之後的最大差別。

也許你會說：「我才不要被背叛一百次，有夠衰的！」偏偏就是有人背叛你，那你就不能哭，你被背叛的時候就只想拿刀殺人，表情就像厲鬼一樣。那就是最大的差別。

當然，並不是做自己就是什麼都不在乎，但不管什麼糟糕的事都不會影響到你，這樣不是很好嗎？要先擁有這樣的功力。你希望自己最後變成怎樣，那是你可以決定的事情，也是你應該給自己的一個期許。

做自己這條路可以幫你完成人生的夢想，很舒服、很快樂、很自由。當別人做他自己的時候，你不要覺得你走的路會跟他一樣，你不要問他說：「你有的收穫，我怎麼沒有？」

當然沒有，因為你並不是他啊！你有的收穫，他也一樣沒有。

做自己這件事不需要跟別人比較，因為這不是聯考。你就是你，你跟別人不一樣，你有你的感覺，你有你的希望跟夢想。如果你說你想要很懶，很好啊！最後一定就會很懶，因為你一定會完成你的「夢想」。所以，「做自己」就是一直往前走，走到最後就會發現你喜歡的樣子，由你來造就你自己、創造自己的命運，做自己生活的主宰。

但是，當你不喜歡自己的時候，就會是一個問題。你很討厭自己老是這副德性，但是改不掉，「唉呀！明明不喜歡，怎麼又犯了？」那是可以解決的。

每個人在「做自己」的過程中，都是選擇你要的，丟掉你不要的。你要怎麼進步成長，別人不會有什麼意見，因為標準在你身上！你喜歡的當然不會改，一定抓的緊緊的；但是當你想改變時卻遇到狀況，遇到這種問題你就可以來找我，因為這是我身為顧問的專業。

「做自己」要尊重每一個人的意願，每個人想要改變的地方跟想要的進步成長方式都不一樣。這條路到底怎麼走，並不是大家最後都會走到同一個目標，這並不是國民義務教育，大家學的都一樣，不是這樣。

每個人的「做自己」都是量身訂做的，就像訂做的衣服穿起來一定合身，絕不會多一吋或少一吋，不會太短也不會太長。至於那個長度與衣服的質料呢？完全由你自己決定。

生命的可貴，在於你能夠找到自己，做真正的自己。珍惜青春，善用時間，享受做自己，也讓別人做他自己。做自己值得努力，值得不斷地挑戰，因為最後所得到的，是你夢寐以求的理想境界。

最後，願各位發揮你的潛能，擁有你要的能力，做一個自由、快樂的自己。

做自己

讀者回函卡

對我們的建議：

郵票請帖於此，
謝謝！

台北郵局第118-332號信箱
P.O. BOX 118-332 Taipei
Taipei City 10599 Taiwan(R.O.C)

創意出版社　收

封 口

做自己

讀者回函卡

謝謝您購買我們出版的書籍，請您抽空填寫這張讀者回函，並延虛線剪下、對摺黏好之後寄回，我們很重視您的寶貴意見，謝謝！

@基本資料

◎姓名：________________________________

◎性別：☐男　☐女

◎生日：西元 ________ 年 ______ 月 ______ 日

◎地址：________________________________

◎電話：____________ E-mail：____________________

◎學歷：☐小學　☐國中　☐高中　☐大專　☐研究所（含以上）

◎職業：

☐學生　☐軍公教　☐服務業　☐金融業　☐製造業

☐資訊業　☐傳播業　☐農漁牧　☐自由業　☐家管

☐其他________________________

◎您從何種方式得知本書？

☐書店　☐網路　☐報紙　☐雜誌　☐廣播　☐電視　☐親友推薦

☐其他

◎您喜歡閱讀哪些類別的書籍？

☐商業財經　☐自然科學　☐歷史　☐法律　☐文學　☐休閒旅遊

☐小說　☐人物傳記　☐生活勵志　☐其他

◎您對本書的意見：

內容：☐滿意　☐尚可　☐應改進

編排：☐滿意　☐尚可　☐應改進

文字：☐滿意　☐尚可　☐應改進

封面：☐滿意　☐尚可　☐應改進

印刷：☐滿意　☐尚可　☐應改進

國家圖書館出版品預行編目(CIP)資料

做自己 / 陳海倫作. – 初版. -- 臺北市 ：
創意, 2012. 12（創意系列；20）
ISBN 978-986-87321-9-3(平裝)
1.自我肯定 2.自我實現

177.2 101025706

創意系列｜20

做自己
Be Yourself

作者｜陳海倫
責任編輯｜劉孝麒
美術編輯｜王尹玲

出版｜創意出版社
發行人｜謝明勳
郵政信箱｜台北郵局第118-332號信箱
P.O. BOX 118-332 Taipei
Taipei City 10599 Taiwan(R.O.C)

電話｜(02)8712-2800
傳真｜(02)8712-2808
E-mail｜creativecreation@yahoo.com.tw
部落格｜first-creativecreation.blogspot.com
印刷｜世和印製企業有限公司

定價｜380元
2013年9月初版一刷

first-creativecreation.blogspot.com

創意有心，讀者開心

陳顧問的facebook
www.facebook.com/consultanthellenchen